호모 스크립투스, 글 쓰는 인류의 출현

누구나 작가가 되는
책 쓰기
혁명의 시대

새로운 인류는 이미 출현했다

"인류 역사상 지금처럼 평범한 사람들이 날마다 그것도 자주 글을 쓰고, 많이 쓰는 시대는 일찍이 한 번도 없었다." _ 크리라이터(Crewriter) 김병완

"미래를 성공적으로 내다보는 자에게 있어 공통적인 점은 무엇일까? 인간적인 것, 역사 그리고 사회 변동을 불러오는 실체에 대한 깊은 이해다. 그들에게서 우리가 무엇을 배울 수 있을까? 아니 이보다 더 중요한 질문이 있다. 이들이 말하는 것이 과연 예언일까? 오히려 우리는 미래 예견을 위해 새로우면서도 체계적인 출발점을 개발해야 하지 않을까? 우리가 말하고자 하는 출발점은 우리가 알고 있다고 생각하는 하나의 세계이지만, 그 세계의 모습이야말로 바로 미래를 향해 열려 있는 것이다." < 마티아스 호르크스, [미래를 읽는 8가지 조건], 13쪽 >

"지금 이 시대만큼 평범한 사람들이 매일, 자주, 많이 글쓰기를 하였던 시대는 인류 역사상 단 한 번도 없었다. 즉 이 시대의 인류는 또 한 번의 도약과 변화를 몸소 실천하고 있는 인류이다. 그리고 그것은 '글 쓰는 인간' 즉 '호모 스크립투스'의 출현인 것이다."

그 시대를 대표하는 문화, 가치관, 패러다임은 시대의 변화에 따라 계속해서 변천을 거듭해 왔다. 중세 시대 사람들은 현대인들이 상상하기 힘들 정도로 글을 읽을 줄 아는 사람들이 소수였다. 이처럼 먼 미래에는 지금 이 시대 대부분의 사람이 글을 읽을 수 있는 것처럼 대부분의 사람들이 글을 쓸 줄도 알 것이다.

여기서 글을 쓸 줄 안다는 말은 책으로 출간할 정도의 동일한 주제에 대해서 많은 양의 글을 쓸 수 있다는 말이다.

그리고 이러한 미래의 시작점은 '인터넷과 SNS가 처음 시작되어 폭발적으로 성장하는 이 시대'라고 필자는 생각한다.

과거와는 전혀 다른 새로운 스타일의 인류의 삶이 이미 시작되었다고 생각하는 것이다. 그래서 그러한 새로운 인류에 대한 이야기가 바로 이 책이다. 그리고 필자가 생각하는 새로운 인류를 대변하는 가장 큰 특징은 '누구나 글을 쓴다'는 것이다.

과거에, 혹은 불과 몇 십 년 전까지만 해도 전업 작가들이 아닌 사람들이 도저히 쓸 수 없을 만큼의 양과 질의 글들을 지금은 평범한 일반인들이 아무렇지도 않게 쓰면서 살아가고 있고, 이러한 추세는 점점 더 빨라지고, 심화될 것이라고 필자는 생각한다.

인류는 발전을 거듭해 왔다. 그리고 그와 함께 변화를 거듭해 왔다.

걸어 다니는 인류를 뜻하는 '호모 에렉투스', 생각하는 인류를 뜻하는 '호모 사피엔스', 도구를 사용하는 인류를 뜻하는 '호모 파베르', 유희할 줄 아는 인류를 뜻하는 '호모 루덴스', 공부하는 인간을 의미하는 '호모 아카데미쿠스' 등등….

초기 인류의 가장 큰 특징은 다른 동물과 달리 직립 보행을 할 수 있다는 것이었다. 그래서 인류는 호모 에렉투스라고 불리기 시작했다. 그후 인간은 좀 더 진화해 나갔다. 평범한 사람들까지 생각하는 지혜를 가지게 되었다. 한마디로 모든 사람들이 생각하는 행동을 자연스럽게 하게 되었다. 그래서 호모 사피엔스라는 이름으로 부르기 시작했다.

물건이나 연장을 만들어 사용하는 인간, 즉 '도구를 사용하는 인간'을 의미하는 호모 파베르Homo Faber라는 말도 있다. 프랑스의 철학자 앙리 루이 베르그송에 의해 창출된 말이다.

'유희하는 인간'이라는 뜻으로 호모 루덴스Homo Ludens라는 말도 있다. 네덜란드의 문화사학자인 J. 하위징아에 의해서 제창된 개념이다. 그가 자신의 저서인 〈호모 루덴스_ 유희에서의 문화의 기원〉이란 책에서 소개했다.

이러한 신인류의 등장은 시대가 바뀌면서 항상 존재해 왔다. 즉 새로운 인류는 항상 출현해 왔다. 그런데 필자는 이제 또 다른 새로운 인류의 출현을 정의하고자 한다.

한마디로 '글을 쓰는 인류' 즉, 호모 스크립투스Homo Scriptus라는 신인류의 등장을 제창하려고 한다.

호모 스크립투스란 특별한 직업을 가진, 즉 작가나 학자들과 같은 이들만이 글을 쓰고 책을 출간하는 시대를 지나서 평범한 많은 사람들이 평범한 일상으로 글을 쓰는 시대가 되었고, 그런 시대를 살아가고 있는 신인류를 의미한다.

지금부터 펼쳐지는 이 시대는 인류 역사상 그 어떤 시대보다도 더 많은 사람들이, 더욱더 평범한 사람들이 매일 글을 쓰고, 그것을 다양한 형태로 세상에 내놓는 시대이다.

새로운 시대가 오면서, 형성된 트위터, 페이스북, 블로그를 통해 이제는 평범한 사람들조차 매일 글을 쓰고, 그 글이 타인에게 표현되고 세상에 알려지는 그런 개방형 시대가 되었고, 과거보다 훨씬 더 많은 평범한 사람들이 알게 모르게 글을 쓰는 시대가 되었다.

과거에는 특별히 뛰어난 학자들이나, 천재들만 글을 쓰고 세상에 책이라는 형태 혹은 논문이라는 형태로 세상에 내놓았다.

작가의 세계도 이와 다르지 않았다. 특별히 상상력이 뛰어난 사람들이나 문장력이 뛰어난 사람들만이 자신의 세계를 시나 소설의 형태로 글을 쓰고, 그것을 세상에 내놓았다.

하지만 이제는 정말 평범한 모든 사람들이 자신의 생각과 의견을 글로 표현하고, 그것을 거침없이 세상에 내놓은 그런 시대가 되었다.

그것이 바로 '호모 스크립투스', 즉 '글을 쓰는 인간'이다.

이 책은 세계 최초로 '호모 스크립투스'라는 개념을 세상에 발표하는 첫 번째 책이다. 알게 모르게 당신은 이미 '호모 스크립투스'라는 신인류에 속한 인류가 되었음을 부인할 수 없을 것이다. 왜냐하면, 당신도 이미 당신의 생각이나 의견을 글로 표현하여 세상에 최소한 내놓은 적이 있는 사람이기 때문이다. 다만 그것이 책의 형태가 아닌 트위터나 페이스북이나 블로그와 같은 다양한 형태이긴 하지만 말이다. 이제부터 호모 스크립투스가 되어보자.

_크리라이터Crewriter 김병완

차 례

제1장; 누구도 상상하지 못했던
새로운 시대가 왔다

제2장; 누구나 작가가 되는
      세상이 펼쳐지고 있다

제3장; 호모 스크립투스,
      '글 쓰는 인간'의 출현

제4장; 진정한 프로슈머인 라이더의 시대

제5장; 새로운 스타일의 작가,
크리라이터의 출현

제6장; 새로운 미래, 새로운 인류가 온다

부 록; TED×Daejeon 강의

제1장

◇◇◇◇◇◇

누구도 상상 못했던
새로운 시대가 왔다

바야흐로, 풍요, 아시아, 자동화란 3가지 요소의 영향력이 확대되면서 3막의 커튼이 올라가고 있다. 이른바 하이컨셉, 하이터치의 시대다. 3막의 주인공은 우뇌형 사고를 지닌 사람들이다. 이들은 창작자 및 다른 사람에게서 감정적인 공감을 이끌어낼 수 있는 능력의 소유자들이다.

다니엘 핑크, [새로운 미래가 온다], 75쪽

당신도 책을 쓸 수 있다

'놀라운 일이 벌어졌다.'

평생 평범하게 살아왔던 40대 중년의 남자에게 갑자기 한 달에 한 권 혹은 두 권의 책을 그것도 쉽게 빨리 제대로(?) 쓰기 시작하는 일이 벌어졌기 때문이다. 물론 내 얘기다.

처음에는 책을 너무 빨리 쓰다 보니, 오해도 많았다. 보통 사람들의 일반적인 고정관념은 책은 그렇게 쉽게 빨리 쓸 수 있는 것이 아니라는 것이기 때문이다.

쉽게 빨리 쓰다 보니, 10년 동안 100권 정도의 책이 출간되는 기적(?)이 벌어졌다. 그래서 TV 조선 시사 토크 판에 출연했을 때는 신들린 작가라는 별명을 얻기도 했다.

그런데 필자는 분명하게 말하고 싶다.

신들린 적은 없었다. 다만 책 쓰기의 기쁨과 특권을 누리게 되었기 때문이라고 말이다.

처음에는 몰랐다. 하지만 이제는 잘 알게 되었다. 아무 두려움 없이 거침없이 책을 쓴다는 것이 얼마나 위대한 일인지 말이다. 왜냐하면 아무나 그렇게 두려움 없이 거침없이 책을 쓸 수 없기 때문이다.

5일 만에 쓴 책도 있고, 보통 2~3주면 웬만한 책 한 권을 쓰는 속도로 책을 썼다. 그렇게 빨리 많은 책들을 출간하다 보니 많은 독자들, 혹은 동료 작가들이 시샘하고 오해하고 속단하는 경향들도 많았다.

무슨 인쇄기도 아니고 책을 그렇게 빨리 쉽게 찍어 낸다는 비판도 받았다. 심지어 그렇게 빨리 쓰는 것은 '분명 수십 명의 작가들을 숨겨 놓고 자신의 이름으로만 출간하는 거야'라는 오해도 받게 되었다.

혹은 그렇게 빨리 쉽게 쓴 책들은 모두 형편없는 책들일 것이라고 필자의 책을 단 한 권도 제대로 읽지 않은 사람들이 너무 쉽게 속단하고 형편없는 작가로 평가하는 경우도 없지 않았다. 물론 이러한 무수히 많은 비난과 오해와 속단에도 나는 아랑곳하지 않았다. 처음부터 세상의 평가에 무관심했기 때문이다.

하지만 필자의 책들이 국립중앙도서관에서 2년 연속 가장 많이 읽히는 책 TOP 10에 오르기도 하고, 문화체육관광부에서 선정하는 우수 출판 도서에도 선정되기도 하고, 국립중앙도서관 사서 추천 도서에도 선정되기도 하고, 네이버에서 오늘의 책에도 선정되기도 하면서 서서히 진가를 인정받기 시작했다.

필자도 당연히 이해한다. 책이라곤 한 번도 써 본 적이 없고, 책 쓰기와 하등 관계도 없는 평범한 공대 출신 직장인이 책을 그렇게 많이 갑자기 폭발적으로 써 대면 누가 신뢰할 수 있을까?

하지만 놀랍게도 필자의 책을 읽은 사람들은 지독하게 '김병완'이란 작가에게 빠져들기(?) 시작한다는 것을 알고 정말정말 많이 놀랐다.

글쓰기를 제대로 배워 본 적도 없는 사람이 마치 어린아이가 놀이터에서 마음껏 놀 듯 그렇게 아무것도 생각하지 않고, 의도하지 않고, 그냥 일필휘지로 쓴 책들이 그런 영향력을 갖고 있다는 것에 대해서 책 쓰기의 특권을 톡톡하게 누리게 되었다.

'책 쓰기를 하지 않는 사람들은 전부 손해 보는 것 같다'는 생각을 한다. 책 쓰기가 가진 기쁨과 특권이 한두 가지가 아니기 때문이다.

그런데 필자가 말하고자 하는 핵심 주제는 이런 일이 아니라, '과연 어떻게 해서 이런 일들이 벌어졌는가' 하는 것이다. 생각해보라. 정말 놀라운 일이다.

과연 무슨 일이 있었던 것일까?

많은 사람들은 필자가 3년 동안 만 권의 책을 독파했기 때문에, 그렇게 할 수 있게 되었다고 섣불리 생각해 버린다. 하지만 이러한 독자들의 생각에 필자는 동의할 수 없다.

바로 이런 생각들이 잘못된 생각이라고 정면으로 반박하기 위해 필자는 이 책을 썼다.

즉, 필자의 주장은 한마디로 이것이다.

"당신도 나처럼 책을 쓸 수 있다."

비범한 당신이
책을 쓰지 못한 단 한 가지 이유

당신이 지금까지 책을 쓰지 못한 이유는 단 한 가지다.

당신의 사고방식 때문이다. 어떤 사고방식일까? '책은 특별한 사람들이 쓰는 것'이라는 사고방식말이다.

이 책이 처음부터 끝까지 당신에게 말하고자 하는 것은 단 한 가지뿐이다.

그리고 그것은 바로 이것이다.

"책은 누구나 쓸 수 있다"라는 것이다.

당신은 놀랍게도 당신의 생각보다 훨씬 더 뛰어난 능력을 가지고 있다. 그것도 다방면에 말이다.

당신은 스케이트를 타 본 적이 없기 때문에 스케이트에 대한 당신의 재능이 어느 정도인지 모를 뿐이다. 제대로 스스로에게 기회를 주고, 시간을 주고, 환경을 만들어 주지 않았기 때문에 당신은 자신의 재능이 뭔지도 모른 채로 살아가고 있는 것이다.

필자의 삶을 이야기 해보자.

필자 역시 한 권의 책도 써본 적이 없는 그는 평범한 사람이었다. 40대가 되기 직전인 39세까지 평범한 직장인이었다. 정말정말 평범했다. 그런데 필자에게 기적과 같은 일이 벌어졌다.

글쓰기를 제대로 아니 어설프게라도 배운 적이 단 한 번도 없었다. 그런데 갑자기 한 달에 두서 권의 책을 써내는 작가가 되었다는 것이다. 더 놀라운 사실은 이것이 아니다. 10년 동안 출간한 책이 100권 정도가 된다는 것도 아니다. 더 놀라운 사실은 그 책들을 모두 초고 상태로 출판사에 넘긴다는 것도 아니다.

가장 놀라운 사실은 그런 책을 읽은 독자들의 인생이 바뀐다는 것이다. 이 책의 중간 중간에 필자의 책을 읽고 인생이 바뀐 사람들의 이야기를 리얼하게 담았다.

어쨌든 다시 본론으로 돌아와서 비범한 당신이 책을 쓰지 못한 단 한 가지 이유는 '당신의 잘못된 사고방식' 때문이다.

당신의 잘못된 사고방식은 다른 것이 아니다. 책은 거창한 사람만 쓸 수 있는 거창한 것, 특별한 것, 위대한 것이라는 어설픈 사고방식이다.

가장 중요한 사실 한 가지를 말하겠다.

이제는 누구나 책을 쓸 수 있는 시대라는 것이다. 과거로 되돌아갈수록 책을 읽을 수 있는 사람들의 범위가 적어진다. 이와 마찬가지로 미래로 갈수록 책을 쓸 수 있는 사람들의 범위가 넓어진다.

그리고 우리는 그 중간에 과도기를 만나서 살아가고 있다. 자 그렇기 때문에 당신이 살아가고 있는 현대는 누구나 책을 쓸 수 있는 시대의 시작점이라는 것이다. 그러므로 당신은 책을 써야 하고, 쓸 수 있고, 쓰는 것이 이 시대의 흐름에 보조를 맞추어 제대로 잘 살아가는 것이다.

몇 년 전에 나는 'TED×Daejeon'이란 행사에 참여하여, 누구나 책을 쓰는 시대라는 주제로 강연을 한 적이 있다. 그 강연의 핵심 주제가 바로 이것이다. 그 강의의 제목은 '새로운 시대 새로운 인류가 오고 있다'라는 것이다.

여기서 새로운 인류는 '호모 스크립투스Homo Scriptus' 즉, '글 쓰는 인간' 글 쓰는 신인류'를 의미한다.

당신은 이미 작가 수업을 열심히 하고 있다

시대가 많이 바뀌었다. 놀랍도록 많이 바뀌었다. 과거에 없던 것이 새롭게 생겨나고, 과거에 전성기를 맞았던 그 어떤 것들이 흔적도 없이 사라지기도 했다.

어제와 오늘이 다르고, 아침과 저녁이 다르다. 무엇보다 바뀐 것은 당신의 삶의 성격이 많이 바뀌게 되었다는 것이다.

과거 중세시대를 생각해 보라.

그 시대에 글을 쓰고 읽을 수 있는 사람들은 아무나 될 수 없었고, 아무나 할 수 없었다. 모든 사람들, 일반 시민들이, 평범한 사람들이 글을 읽고 쓸 수 있는 시대가 온다는 것은 아무도, 그 어떤 천재도 예견하지 못했던 엄청난 일이었다.

그런데 지금은 어떤가? 시대가 바뀌니까 일반 시민들, 평범한 사람들, 즉 누구나 글을 쓰고 읽을 수 있는 시대가 되었던 것이다. 사실 이것이 천지개벽이다. 시대는 이처럼 놀랍게 바뀌고 있다.

우리는 변화의 흐름을 읽을 줄 알아야 한다.

마찬가지로 글을 쓰고 책으로 출간해 내는 작가는 수십 년 전만 해도 아무나 쉽게 접근 할 수 있는 그런 쉽고 평준화된 직업이 아니었다. 엄청난 지식과 정보와 전문적인 경험과 학벌과 업적이 있는 한마디로 엄청난 사람들만이 책을 쓰는 작가가 될 수 있었다. 그 이유는 그 시대의 부와 힘의 기준은, 그리고 부와 성공의 원천은 바로 지식과 정보였기 때문이다.

그 시대를 움직이고 있었던 것은 지식과 정보인 사회를 우리는 한마디로 지식 정보화 시대라고 한다. 그리고 그런 시대를 지금까지 살아왔다. 그래서 그 시대에는 지식과 정보를 남들보다 많이 가진 사람이 결국 부와 권력과 명성을 얻게 되는 것이었고, 그런 사람들만이 작가가 될 수 있었다.

작가는 세상이 원하는 것을 줄 수 있는 사람이어야 한다.

그런데 지금은 지식과 정보가 이 세상을 움직이는 가장 강력한 수단과 도구, 힘의 원천이 아니라 새로운 것들이 이 세상을 움직이기 시작했다. 지식과 정보보다 더 강하게 이 세상을 움직이는 것은 바로 감성을 자극할 수 있는 스토리와 이미지이다. 그리고 그것을 만들어 낼 줄 아는 것이 상상력과 창조성이다.

한마디로 감성과 창조의 시대로 급격하게 전환되고 있는 시점에 우리 모두가 살고 있다는 것이다. '아는 것이 힘이다'라는 말은 이제 과거의 이야기가 되었던 것이다.

'상상력이 지식보다 더 중요하다'라고 말했던 과학자의 말이 현실이 되어가고 있는 것이다.

그런 변혁의 시대에 무엇보다 당신은 알게 모르게 작가가 되는 혹독한(?) 수업을 알게 모르게 받아 왔다는 사실을 아는가?

과거에 없던 인터넷이 생기고, SNS 사회가 되어 트위터와 페이스북이 삶의 하나가 되었고, 스마트폰이 인터넷의 사용을 넘어서고 있는 이 시대에 당신은 이미 매일 글을 쓰고 또 쓰고 있는 평범한 사람들 중에 한 명일 가능성이 매우 높다.

심지어 많은 이들이 블로그를 사용한다. 알게 모르게 자신의 이야기, 자신의 생각, 자신의 스토리를 매일 올린다.

이것이 바로 작가 수업이 아니고 무엇인가?

책이란 것은 결국 한 문장과 한 문장이 만나서 이루어지는 것이다. 작가란 무엇보다 글쓰기를 어느 정도 할 수 있는 사람이 작가가 된다. 작가의 본연의 일이 글을 쓰는 것이기 때문이다.

그런 점에서 이미 트위터를 매일 하는 당신은 충분히 작가가 되는 수업을 알게 모르게 받고 있는 것과 다를 바 없다. 블로그를 통해 수많은 사람들에게 주목받고 있는 당신도 역시 이미 작가가 된 것과 다를 바 없다.

페이스북을 통해 자신의 생각을 거침없이 인터넷상에 올리는 당신도 역시 이미 작가와 다를 바 없다.

트위터와 페이스북, 블로그, 하다못해 문자 메시지를 하루에 수십 통씩 보내는 당신은 이미 작가 수업을 받고 있는 사람들이다.

한마디로 당신이 살아가고 있는 이 시대는 모두가 작가가 될 수 있는 그런 시대라고 할 수 있다.

사실, 대한민국의 파워 트위터 중에 화가나 음악가는 없다. 대한민국 최고의 파워 트위터 1위부터 5위를 보면 대부분이 작가이다. 그리고 최소한 책을 출간한 경험이 있는 작가들이라는 공통점이 있다.

만약 자신이 트위터를 남들보다 굉장히 많이 하는 경향이 있는 사람은 작가가 될 수 있는 충분한 자질을 가지고 있는 것이라고 나는 생각한다.

특히 1인 출판문화가 아이폰과 아이패드를 통해 이미 시작되었기에 누구나 글을 쓰고 그것을 아이북스에 올리면 e-book으로 책을 출간하게 되는 것이다. 다만 종이책이 아니라는 점이 다를 뿐이다.

이 시대는 마치 모든 사람을 작가로 만들기 위한 거대한 훈련장 같다. 트위터와 페이스북, 블로그와 같은 이 시대의 첨단 발명품들이 당신을 미친 듯이 글쓰기 연습을 하게 부추기고 있다는 사실을 명심하자.

당신도 이제 작가가 될 수 있는 첫 번째 시대적 이유는 이 시대는 이미 당신을 알게 모르게 작가 수업을 끊임없이, 미친 듯이, 그것도 매일 하도록 만들기 때문이다.

평균 수명이 길어짐에 따라
기회가 더 많아진다

"인류 역사상 지금처럼 평범한 사람들이 날마다 그것도 자주 글을 쓰고, 많이 쓰는 시대는 일찍이 한 번도 없었다."_ 크리라이터(Crewriter) 김병완

이제는 누구나 작가가 되는 혁명적인 시대가 당신의 눈앞에 펼쳐졌음을 인식해야 할 것 같다.

이러한 사실을 더욱더 부추기는 것은 인류의 평균 수명이다. 인류의 평균 수명이 지금처럼 길어진 시대는 한 번도 없었다. 인생이 길어지면서 열심히 직장 생활을 한 후인 40대와 50대 후부터 60대와 70대, 80대, 90대를 사람들이 가장 알차게, 그리고 경제적으로 보내기 위해 가장 쉽게 할 수 있는 일이 저술 활동이 될 것이라고 필자는 생각한다.

과거에는 평균 수명이 고작해야 40살이었다. 그래서 60세까지 살면

장수했다며 축하하였다. 하지만 이제 나이 60은 청춘에 해당된다. 90세 정도가 되어야 장수했다고 할 수 있을 정도로 인간의 평균 수명은 급속도로 늘어나고 있다.

공공연히 나도는 '100세 시대'라는 말은 실제로 허황된 이야기가 아니다. 이제 10년 안에 인간의 평균 수명이 100세가 된다고 한다. 그리고 그러한 평균 수명의 연장이 인간의 라이프 스타일을 철저하게 바꾸어 놓을 것이라는 사실을 쉽게 예측할 수 있다.

〈새로운 미래가 온다〉라는 책의 저자이자 한국의 대표적인 미래학자인 박영숙 박사는 새로운 미래에는 인간의 평균 수명이 급속도로 증가할 것이기 때문에, 대부분의 사람이 인생 2모작이 아닌 3모작에서 17모작까지 할 수 있으리라고 말한다. 그 은퇴 후에 하는 새로운 활동 중에 하나로 저술 활동을 지적한 바 있다.

"인구 변화가 미래예측의 기본이다. 2020년에 80억 정도가 되며, 수명연장으로 평균수명은 100세가 되고, 2모작이 아닌 3모작에서 17모작까지 하는 사람들이 생긴다. 2모작은 은퇴 후에 또 한 가지 일을 하는 것을 말하는데, 은퇴 나이가 점차 불규칙해지고 대부분 파트타임, 프리랜서로 일하기 때문에 은퇴라는 말도 소멸한다. 은퇴는 없어도 일반적으로 정부가 지원해주거나 실업수당을 주는 시기를 60세까지라고 보고 그 이후에도 2~3개의 새로운 일거리나 자신의 쉼터를 찾는데, 대부분의 여행을 하다가 돌아와 농촌생활, 저술 활동, 자신의 지적능력을 활용할 박물관 내레이터, 신지식산업이나 UCC 만드는 홍보 회사에 출근하기도 한다. 하지만 교직이나 후세대를 가르치는 일을 찾는 사람들이 많다." < 박영숙, [새로운 미래가 온다], 214~215쪽 >

한마디로 평균 수명이 길어짐에 따라 사람들의 삶의 모습과 내용 또한 급속도로 바뀐다는 것이다.

미래사회에는 일을 많이 해서 물건을 구입하고 자신의 만족을 충족시켜 주는 문화 대신에 '무엇인가를 만들고 창조하여 성취감을 맛보는 그런 문화가 더 대세가 될 것이다'라고 생각할 수 있다. 지금보다는 좀 더 풍요로워지기 때문에, 그리고 좀 더 많은 아시아의 국가들이 풍요로워지기 때문에 삶의 질이 전반적으로 향상된다고 할 수 있다.

이런 풍요로운 사회에서 중년과 노년들은 생계를 위해 일하기보다는 자신의 성취감을 위해, 자아실현을 위해, 그리고 자신이 평생 동안 경험한 삶과 직업적인 지식과 경험을 나누기 위해 저술 활동을 자연스럽게 하게 될 것이다.

그래서 인류는 십대 때는 글을 배우기 위해 학교를 다녔지만, 인생의 2모작 혹은 3모작을 위해서 40대나 50대 때 글을 제대로 쓰기 위해 학교를 다녀야 하는 그런 시대가 올 수 있을 것이다.

최소한 많은 사람들이 자신의 인생과 삶을 나누고 소통하고 제2의 직업 혹은 제3의 직업으로 글쓰기를 선택하게 됨으로써 글쓰기 학교나 강좌는 성행하게 될 것이다.

시대가 바뀌면서
작가의 성격도 달라지고 있다

시대가 바뀌면서 달라지는 것 중에 하나는 그 시대를 대표하는 패러다임paradigm이다. 패러다임이란 말을 최초로 사용한 사람은 〈과학혁명의 구조〉의 저자이자 철학자였던 토머스 쿤이다.

그가 말하는 패러다임이란 개념은 한마디로 한 시대를 지배하는 생각, 사고, 관념, 가치관, 이론, 관습, 과학적 인식 등과 같은 것들이 모두 결합된 총체적인 틀 또는 개념의 집합체이다.

그래서 토머스 쿤은 과학자들이 연구와 공부가 축적되다 보면 과거의 패러다임을 차츰 부정하고 새로운 패러다임으로 경쟁적으로 나타나면서 과학혁명이 일어난다고 설명한다.

하지만 패러다임의 개념은 자연과학뿐만 아니라 다양한 학문 분야, 심지어 오늘날에는 거의 모든 사회현상을 정의하는 개념으로 확대되어 사용된다.

우리의 아버지 세대들은 산업화 시대를 열심히 살아오셨다. 온몸으로 산업화시대의 역군이 되어 한국의 60년대와 70년대를 이끌어 오셨다. 산업화 시대에 가장 중요한 것은 대량생산mass product이다.

남들보다 더 많이 더 빨리 만드는 회사가 결국 더 많이 부를 차지할 수밖에 없는 그런 단순한 시대이기도 했다. 그래서 그 당시를 치열하게 살았던 어른들의 몸과 마음에는 '열심히' 하는 것이 최고의 미덕이고, 생존 전략일 수밖에 없었다.

그러다가 80년대와 90년대를 살아온 386시대 세대들은 지식 정보화 시대를 살았다고 할 수 있다. 지식 정보화 시대에서 가장 중요한 것은 정확한 지식, 정확한 정보, 정확한 솔루션이다.

그래서 이 시대의 주역들은 모두 '열심히 하는 것보다 잘 하는 것'이 중요한 생존 전략이라는 패러다임을 갖고 있다. 이 시대를 주도했던 키워드는 한마디로 '프로페셔널', '전문가', '지식인', '학자', '기술사' 등이었다.

한마디로 한 분야에서 최고가 되면 최고의 부와 성공을 얻을 수 있는 시대로 대변된다. 최고가 된다는 것은 한마디로 '가장 정확히, 가장 잘 하는 사람'이라는 뜻이기 때문이다.

이렇게 정확한 사람, 잘하는 사람은 결국 구체적인 사람, 논리적인 사람, 숲이 아닌 나무를 볼 줄 아는 좌뇌형 사람들이었다. 정확히 알고 그것을 남들에게 잘 전달해 줄 줄 아는 사람이 되기 위해서는 기억력이 좋은 사람, 암기를 잘하는 사람들이 되어야 했다. 당연히 부와 성공은 그들이 가져갔다.

열심히 하면 되는 시대가 아니라 그 시대는 똑똑한 사람이 부자가 되는 시대였다. 작가도 역시 이와 다르지 않았다. 무엇인가를 많이 알고, 정확히 알아서 그것을 독자들에게 잘 전달해 줄 수 있는 사람들이 바로 작가가 될 수 있었고, 시대가 요구하는 작가 스타일이었다.

하지만 2000년대로 넘어오면서 지식과 정보가 중요한 시대가 아니라 감성과 이미지가 중요한 시대가 되어가고 있다.

미래학자 앨빈 토플러는 '보이는 자산보다는 보이지 않는 것이 중요하다'라고 말한 적이 있다. 또 다른 세계적인 미래학자인 다니엘 핑크는 자신의 저서인 〈새로운 미래가 온다〉라는 책을 통해 이제는 하이컨셉, 하이터치의 시대가 오고 있다고 말한다.

"바야흐로 풍요, 아시아, 자동화란 3가지 요소의 영향력이 확대되면서 3막의 커튼이 올라가고 있다. 이른바 하이컨셉, 하이터치의 시대다. 3막의 주인공은 우뇌형 사고를 지닌 사람들이다. 이들은 창작자 및 다른 사람에게서 감정적인 공감을 이끌어낼 수 있는 능력의 소유자들이다." < 다니엘 핑크, [새로운 미래가 온다], 75쪽 >

한마디로 이제는 똑똑한 사람들보다 감성적인 사람, 새로운 것을 자꾸 창조해낼 수 있는 그런 사람이 시대의 주인공으로 부상하게 된다는 것이다.

이런 사실을 좀 더 정확하게 알려 주는 사례가 산업화 시대의 산물이기도 했던 자동차 회사 GM의 경영 전략이다. GM의 부회장인 로버츠 루츠^{Robert Lutz}는 자동차를 만들면서 예술적 사업에 대한 생각을 다음과 같이 말했다.

> **"우뇌적인 접근법을 좀 더 사용할 것입니다. 나는 우리 회사가 예술적 사업을 하고 있다고 생각합니다. 자동차란 엔터테인먼트이자 움직이는 조각품인 동시에 수송수단의 역할을 하기도 합니다." < 다니엘 핑크, [새로운 미래가 온다], 81쪽 >**

결국 이 시대가 요구하는 사람은 전문지식과 기술을 남들보다 많이 가지고 있는 똑똑한 사람들이 아니라 감성을 자극하고 터치할 수 있는 사람, 남과 다른 무엇인가를 자꾸 만들어 낼 수 있는 혁신과 창조에 뛰어난 사람들인 것이다.

세계적인 심리학자이고 가장 영향력 있는 경영사상가 중 한 사람인 다니엘 골먼은 EQ라는 감성지능의 개념을 만들었다. 그의 책 〈감성지능^{EQ}〉을 통해 그는 '지능 지수인 IQ보다 감성 지수인 EQ가 더 중요하며, 앞으로 세상은 감성지수가 높은 이들의 소리에 귀를 기울일 것이다'라고 했다.

"프린스턴 근처의 세계적으로 유명한 싱크 탱크인 벨 연구소에서 진행되는 스타급 연구원들에 대한 조사를 살펴보자. 이 연구소는 IQ가 최고인 기술자와 과학자들로 구성돼 있다. 그러나 이런 재능의 보고寶庫에서도 스타로 떠오르는 사람들이 있는 반면, 보통의 성과만을 내는 사람도 있다. 스타들과 그 밖의 사람들 사이에 차이를 낳는 것은 그들의 IQ가 아니라, 역시 '감성지능'이다. 스타들은 스스로 훨씬 동기부여를 잘할 수 있고, 비공식 네트워크를 특별한 목적을 위한 조직으로 더욱 잘 활성화할 수 있다." < 다니엘 골먼, [감성지능], 277쪽 >

연구소의 연구원들조차 그들의 성과를 좌우하는 것이 지능지수가 아니라 바로 감성지수라는 것이다. 이만큼 세상은 달라졌고, 변했다. 이제 머리가 나쁘다고 처음부터 포기할 필요는 절대 없다. 이제는 머리가 좋은 사람들이 작가가 될 수 있는 그런 시대가 아니다. 머리가 아무리 좋아도 작가가 될 수 없는 그런 놀라운 시대다.

한마디로 시대가 지식 정보화 사회에서 감성과 창조의 시대로 바뀌면서 시대가 필요로 하는 작가의 성격이 똑똑하고 많이 알고 많이 배운 사람들에서 감성이 풍부하고, 다른 사람들과 공감하는 능력이 뛰어난 사람들로 바뀌었다는 것이다.

즉, 과거에는 작가의 본질이 지식과 정보, 전문적인 경험을 전달해 주는 전달자transfer 혹은 자신만이 알고 있는 것을 가르치는 사람teacher의 개념이 강했다. 하지만 지금은, 작가의 본질이 독자들의 감성을 터치해 줄 수 있는 그런 예술가artist, 자신만의 독특한 이야기를 해 줄 수 있는 스토리 텔러storyteller의 개념으로 변해 가고 있다는 것이다.

불과 몇 십 년 전 까지만 해도 똑똑한 사람들, 많이 알고 있는 사람들이 TV에 나오면 사람들이 열광했다. 그런 사람들이 자신의 지식을 담은 책을 출간하면 세상이 열광했다. 하지만 지금은 지식과 정보에 열광하지 않는 시대가 되었다. 이미 지식 정보화 사회는 지나갔다는 것을 말해 준다.

지금은 감성과 창조의 시대이기 때문에 아무리 엄청난 지식과 정보를 가졌다고 해도 그런 사람들에게 대중들은 절대 열광하지 않는다. 대중들은 자신의 감성을 채워줄 수 있는 그런 사람들에게 큰 호감을 느끼기 시작했다.

시대는 빠르게 변하고 있다. 시대가 이제 또 한 번 빠르게 변하고 있다는 사실을 알 수 있는 현상들이 세계 곳곳에서 일어나고 있다. 그 중에 하나가 MBA에 대한 사회적 요구다.

내가 직장 생활을 열심히 할 때인 90년대 전후로 해서 MBA는 최고의 성공의 보증 수표였다. 엄청난 MBA열풍이 불었고, 너나 나나 할 것 없이 MBA를 하기 위해 엄청난 돈을 들여서 대학원에 가거나 유학을 갔다. 그리고 실제로 그 시대를 전후해서 MBA가 최고의 경력이었다. 하지만 이제는 10년도 안 되어 시들해 지고 있다. 그것을 눈치채지 못하는 사람들은 시대를 흐름에 눈을 뜨지 못한 자신을 곰곰이 생각해 봐야 할 것이다.

과거에는 MBA가 최고의 경쟁률인 독보적인 학과였다. 그 어떤 것도 MBA만큼의 인기와 경쟁률을 가진 것은 없었다. 하지만 이제는 소비자의 감성을 자극할 수 있는 디자인 경영이 중요해졌다. 그 결과 MBA보다 MFA라는 학과가 더 각광 받는 학과로 부상하고 있다.

하버드 MBA 과정은 지원자의 10% 내외를 합격시킨다. 즉 열 명 중에 한 명이 합격할 수 있다. 이것도 엄청난 것이다. 하지만 이것보다 더 놀라운 학과가 생겼다.

UCLA의 미술대학원 즉, MFA^Master of Fine Arts 미술학 석사 과정이다. 이 미술대학원은 단지 3%만 합격시킨다.

이러한 추세를 반영이라도 하듯, 기업들은 일제히 예술관련 학위가 있는 인재들을 선발하기 시작했다.

맥컨리앤컴퍼니라는 회사는 1993년 MBA 출신을 60% 이상 선발했지만, 10년도 안되어 43%로 줄였다. 그리고 그 자리를 소비자의 감성을 자극할 수 있는 디자인 전공자들과 인문학 전공자들이 메꾸고 있다.

하버드 비즈니스 리뷰에 따르면, '디자인 경영의 중요성이 확산됨에 따라 이제는 MBA 대신 MFA 시대가 열리고 있다'는 것이다.

뿐만 아니라 삼성이 인문학 전공자들을 선발하기 시작한 이유도 이것이다. 감성을 자극할 수 있는 사람이 분야를 가리지 않고 필요한 시대가 되어 가고 있다는 사실이다. 시대가 원하는 인재의 성격이 바뀌고 있다. 그리고 한마디로 시대가 원하는 작가의 성격도 바뀌고 있다.

넘버원이 아닌 온리원에 열광하는 시대다

이 시대는 이제 남들보다 잘하는 사람, 남들보다 뛰어난 사람, 즉 넘버원에 열광하지 않는 시대이다. 시대의 변화를 우리는 쉽게 예능을 통해서도 느낄 수 있다.

사람들은 무엇인가를 최고로 잘하는 사람에게 열광하는 데에 지쳤다. 이제는 자연스러운 하지만 독특한 타인의 이야기에 열광한다. 그 이야기에 감성과 이미지가 모두 담겨 있기 때문이다.

'예능'의 트렌드를 살펴보라.

'아빠 어디가', '나 혼자 산다'와 같은 예능에 사람들이 열광하는 이유는 스토리에 메말라 있기 때문이다.

지식과 정보에 열광하던 시대는 이미 지나갔다. 스토리와 감성과 이미지에 사람들이 열광하는 시대가 되었다.

그렇다면 어떤 스토리에 열광할까?

모든 스토리가 나름대로 가치가 있지만 그 중에서도 가장 가치 있는 스토리, 즉 세상이 열광하게 되는 그런 스토리는 한마디로 남과 다를수록 가치 있는 스토리가 된다는 것이다.

왜 그럴까?

사람들의 본능은 자기와 다른 것에 대해 미워하면서도 동경하는 마음이 있기 때문이다.

자기의 인생과 똑같은 인생을 살았던 사람의 스토리를 들으면서 감동하는 사람이 있을까? 재미를 느끼는 사람이 있을까? 큰 지혜를 얻은 사람이 있을까? 절대로 없다. 자신의 인생과 같은 인생이기 때문이다.

하지만 우리는 한 번도 상상도 못 한 삶을 살았던 사람들의 스토리를 통해 엄청난 감동을 받고, 엄청난 재미와 흥미를 느끼고, 열광을 하게 된다. 한마디로 우리와 다른 사람이기에 열광하게 되는 것이다.

연예인들을 길거리에서 만나면 일반 사람들이 열광하는 이유는 연예인들이 잘생겼기 때문만은 아니다. 못 생긴 연예인도 많다. 똑똑하기 때문도 아니다. 일반 사람들보다 공부를 더 많이 안 한 연예인도 있다. 그렇다면 그 이유는 무엇일까?

연예인들을 길거리에서 만나면 열광하는 이유는, 단지 그들이 우리와 같은 사람이 아니라 우리와 다른 삶을 살아가고 있는 다른 부류의 사람들, 특별한 사람들이기 때문이다.

과거 시대에서는 연예인도 잘 생기고 예쁘고 똑똑한 연예인들이 대세였다. 하지만 지금은 감성을 자극하고, 독특한 개성을 가지고 있는 그런 연예인들이 더 인기가 많다는 사실을 기억하라. 이것도 역시 시대의 트렌드를 자연스럽게 반영하는 것이다.

한마디로 말해서 이 시대는 남들보다 잘하는 넘버원이 아니라 남과 다른 특별한 온리원이 각광받는 시대인 것이다.

바로 이런 시대이기에 남들보다 잘할 필요도 없는 평범한 사람들인 우리 모두가 작가가 될 수 있는 시대라는 것이다.

당신이 작가가 될 수 있는 세 가지 시대적 이유를 살펴보았다. 이제 당신이 작가가 되어야만 하는 세 가지 시대적 이유도 살펴보자.

하이컨셉, 하이터치의 시대가 온다

　앨빈 토플러 이후 최고의 미래 학자로 평가받고 있는 다니엘 핑크는 지금 우리 사회는 정보화 시대에서 '컨셉'과 '감성'이 중요한 하이컨셉, 하이터치의 시대로 변하고 있다고 말한다.

　그는 지난 150년 동안의 인류의 시대를 산업화 시대, 정보화 시대, 하이컨셉, 하이터치의 시대라는 세 가지 단계로 진보해 나가고 있다고 주장하면서, 그 이유를 풍요, 기술 발전, 세계화를 통한 인류 문명의 발달로 보고 있다.

　그러면서 그는 하이컨셉, 하이터치의 시대가 될수록, 좌뇌 중심의 경제였던 산업화와 정보화 시대에서 우뇌 중심의 감성과 컨셉이 중요시되는 시대로 옮겨가고 있다고 말한다. 그리고 그가 말하는 하이컨셉과 하이터치는 한마디로 창조력과 공감력이다.

"하이컨셉은 예술적, 감성적 아름다움을 창조하는 능력을 말한다. 이는 트렌드와 기회를 감지하는 능력, 훌륭한 스토리를 만들어내는 능력, 언뜻 관계가 없어 보이는 아이디어들을 결합해 뛰어난 발명품으로 만들어내는 능력이다. 하이터치는 간단하게 말하자면 공감을 이끌어내는 능력이다. 인간관계의 미묘한 감정을 이해하는 능력, 한 사람의 개성에서 다른 사람을 즐겁게 해주는 요소를 도출해내는 능력, 평범한 일상에서 목표와 의미를 이끌어내는 능력이다." < 다니엘 핑크, [새로운 미래가 온다], 78쪽 >

하이컨셉, 하이터치의 시대에는 일보다 오히려 새로운 형태의 창작하는 삶을 통해 활기를 얻고, 의미를 찾고, 즐거움을 누리게 될 것이다. 그런 점에서 앞으로는 자신의 삶을 글쓰기를 통해서 세상에 당당하게 내 보여 주거나 새로운 창조적인 글쓰기에 도전하며 살아가는 사람들이 지금보다 훨씬 더 많아질 것을 충분히 예측할 수 있다.

이러한 하이컨셉, 하이터치의 시대에 필요한 재능은 무엇일까? 다니엘 핑크는 자신의 저서를 통해 디자인, 스토리, 조화, 공감, 유희, 의미라는 6가지 조건을 미래 인재의 조건이라고 제안한다.

필자가 개인적으로 존경하고 있는 앨빈 토플러는 '보이는 자산보다는 보이지 않는 것이 더 중요하다'라고 말한 적이 있고, 〈메가트렌드 2000〉의 저자인 존 나이스비트는 '영혼이 있는 기업이 성공한다'라고 말한 적이 있다.

이 두 사람이 말하고 있는 것은 모두 감성과 창조력, 하이컨셉과 하이터치의 중요성에 대해 말하고 있다는 점에서 비슷하다고 필자는 생각한다.

〈감성지능〉의 저자인 다니엘 골먼은 '차이를 낳는 것은 그들의 IQ가 아니라, 역시 감성지능이다'라고 말하기도 했다.

그런데 여기서 독자들이 반드시 명심해야 할 것은 시대가 바뀌면서 그 시대에 성공할 수 있는 사람의 특성도 또한 바뀌게 된다는 것이다.

그래서 과거 산업화 시대와 정보화 시대에는 똑 부러지는 논리적이고 구체적인 좌뇌형 인재들이 우뇌형 사람들에 비해 더 많이 성공하고 더 크게 성공하지만, 하이컨셉, 하이터치의 시대에는 통합적이고 감성적이고 창조적인 우뇌형 사람들이 더 많이 더 크게 성공하게 된다는 사실이다.

환갑의 나이에 책 쓰기를 통해 작가가 되다!

_이** 작가님 (김병완칼리지 책 쓰기 수업 수강생)

환갑의 나이에 책 쓰기를 시작하여 작가가 되다

저자되기 프로젝트를 통해 나는 이렇게 인생을 바꾸었다.

나는 올해 환갑을 맞았다. 요즘에는 흔히 '인생은 환갑부터'란 말이 있다. 하지만 이 나이에 작가가 된다는 것은 좀 낯설다. 그만큼 드문 일이기 때문이다. 그러나 내게 낯설고 드문 일이 일어났다. 바로 기적이 일어난 것이다. 그래서 지금은 출판사와 출간 계약을 맺고 생애 첫 책을 집필 중에 있다. 그 드라마틱한 이야기 속으로 안내하고자 한다.

나는 책맹이었다. … 그리고 책맹 탈출!

"아빠 책 좀 읽으세요!"

"책은 읽어 뭐하게? 돈이 나와! 밥이 나와!"

아들과 아버지 사이에 오간 대화다. 평소에 얼마나 책하고 담을 쌓았는지 짐작이 간다. 바로 내가 그랬다. 그러고 보니 그럴 만도 하다. 나는 20년 동안 공수부대에서 근무했다. 사람들은 공수부대하면 '꼴통'이라 부른다. 무식하고 용감하다는 것을 빗댄 말이다. 내가 꼭 그 짝이었다. 감히 작가가 된다는 것을 상상할 수 있었겠는가? 어림도 없다.

그런데 느지막하게 철이 들었든지 어느 날 책 한 권을 잡았다. 바로 김병완 작가의 〈48분 기적의 독서법〉이었다. '야-아! 세상에 이런 것도 있구나!' 눈이 번쩍 뜨이고 세상이 달리 보였다. 그러면서 한편으론 '어! 내가 왜 이러지?'라고 의아해하기도 하였다. 하지만 나는 무엇에 이끌리듯 그 책의 마력에 사로잡혔다.

이어서 그의 책 〈나는 도서관에서 기적을 만났다〉를 읽었다. 이번에는 세상이 뒤집히는 충격을 받았다. 믿어지지 않았다. '3년에 9,000권을 읽는다고! 그게 가능한가? 과연 이 사람이 어떤 사람인가?' 생각이 여기에 미치자 나는 김 작가를 알기 위해 그가 쓴 책을 모조리 사서 읽기 시작했다. 그러면서도 '아니! 내가 어찌 된 것 아냐?'라고 반문했다. 나도 알 수 없었다. 하지만 읽으면 읽을수록 그의 영혼 속으로 빨려들어 갔다. 덕택에 자연스럽게 독서 습관도 생겼다.

작가의 꿈을 꾸다 … 10년 후를 내다보며!

그렇게 김 작가의 책을 다 읽고 나니 그의 말을 믿을 수 있었다. 나의 의식이 바뀐 것이다. 그래서 나는 김 작가를 나의 롤 모델로 삼기로 했다. 그런 가운데 내게 작가의 꿈을 꾸게 한 것은 〈인생을 바꾸는 기적의 글쓰기〉란 책이었다. 이 책에서 그가 중국의 시성 두보의 말을 인용해 "만 권의 책을 읽으면 글을 쓰는 것도 신의 경지에 이른다(독서파만권 讀書破萬卷 하필여유신下筆如有神)"라며 자신의 경험담을 이야기할 때 필이 꽂혔다.

'나도 할 수 있구나! 책을 많이 읽으면…' 이런 생각이 들어 '10년 후에 작가가 된다!'는 꿈을 꾸었다.

저자되기 프로젝트, 내게 기적이 일어나다!

생생하게 꿈꾸면 꿈은 반드시 이루어진다는 말이 있다. 나는 10년 후 작가의 모습을 생생하게 꿈꾸면서 열심히 책을 읽고 있었다.

그러던 어느 날 우연히 '김병완 칼리지' 카페를 방문하였다. 지금까지 김 작가님을 롤 모델로 하면서도 카페나 블로그를 방문한다는 생각은 못했던 것이다. 카페 게시판에서 '저자되기 프로젝트 안내' 공지를 보았다. 관심이 있는 것이라서 금방 눈에 확 들어 왔다. '소수 정예 책임

제 교육', '평생 작가 동반자로 대우'라는 문구가 화살처럼 내 심장에 박혔다. 마치 나를 위해 준비된 것 같았다. 기쁜 마음으로 안내문을 읽고 또 읽었다. 그러나 비용이 만만치 않았다. 대여대취大子大取, 즉 크게 주고 크게 얻으라는 말이 떠올랐다. 나는 과감하게 투자하였다.

그러고 나서 아내와 아들에게 넌지시 프로젝트에 대해 이야기해 보았다. 냉담한 반응을 보였다. 아내는 "세상에 그런 게 어디 있어? 순진하게 그런데 속아 넘어가네!"라고 했고, 아들마저도 "그건 사기야! 요즘 그런 사기 치는 사람이 얼마나 많은지 몰라요?"라고 말해, 설득이 되지 않았다. 도저히 믿지 못하겠다는 것이었다. 하기야 나도 김 작가에 대한 책을 읽지 않았다면 똑같은 반응을 보였을지도 모른다. 하지만 나는 믿는 구석이 있었다. 김 작가를 신뢰했기 때문에.

드디어 서울 강남역 인근 모임방에서 첫 미팅을 가졌다. 스터디 그룹은 나와 20대 후반 아가씨 둘 이렇게 세 명이었다. 첫 시간부터 강사(김 작가)와 학생은 진지했다. 나는 이런 강의를 듣는다는 자체가 신기하고 꿈만 같았다. 내가 이런 교육을 받을 수 있을 것이라곤 상상도 못했기 때문이다. 교육 목표는 2주차에 제목 선정, 3주차에 목차 구성, 4주차에 서문 쓰기, 5주차에 본문 한 꼭지 쓰기, 6주차에 원고 투고였다.

집에 돌아와 2주차 교육을 위해 한 주 내내 끙끙 그리며 제목과 목차를 정하는데 진땀을 뺐다. 교육 내용을 곱씹어 가며 노력했지만 처음이라 쉽지 않았다. 겨우 제목과 목차를 정하고 2주차 교육에 임했다. 김 작가님은 좀 실망한 눈치였다. 그러나 내색하지 않고 잘했다고 칭찬과 격려로 자신감을 불어넣어 주었다. 그러면서 자세하게 지도해 주었다. 그러나 3주차가 될 때까지 '이 사람이 과연 해낼 수 있을까?'라며 걱정을 했다고 나중에 솔직히 털어놓았다. 그러다가 4주차에 가서야 제목과 목차에 대해 합격점을 받았다. 마침내 가능성이 있다고 하며 용기를 북돋아 주었다.

교육이 진행되는 동안 작가님은 내 안에 숨은 거인을 깨워주었다. 참 신기했다. 내가 한 번도 생각해 보지 못했고, 되리라고 믿지 않았던 것들이 정말 기적과 같이 하나씩 이루어졌다. 책 제목과 목차가 정해지고 작가소개와 서문까지 써졌다. 내 스스로도 "이거 내가 한 것 맞아?"라고 할 정도였다. 작가님은 "누구나 작가가 될 소질은 다 갖고 있다. 단지 인식하지 못하고, 실천하지 않을 뿐이다"라면서 나의 의식을 바꾸고, 자신감을 심어 주었다.

이쯤 되니 가족들에게 자랑도 하고 싶었다. 그래서 아내와 아들에게 "내가 금년 내로 책을 발간하고 작가가 될 거야"라고 했다. 그랬더니 아내 왈 "말 같지 않은 소리 하지마쇼! 작가는 무슨 작가?" 아들은 한 술 더 떴다. "아빠가 작가가 된다고? 말도 안돼요!"

그렇게 말도 안 되는 것이었지만, 결국 출판사와 계약을 하고 이렇게 책을 쓰고 있는 기적이 일어났으니 어쩌겠는가? 오히려 이것이 말이 안 되는 것 아닌가?

이렇게 나에게 기적이 일어났다. 나는 "누구나 책을 쓸 수 있다. 내 공이 없어도, 책을 많이 읽지 않아도 된다"는 말을 그대로 믿는다. 내가 직접 경험했기 때문이다. 그리고 김병완 작가님을 전적으로 신뢰한다. 그리고 이제는 김 작가님이 나에게 에너지의 원천이 되고 있다. 독서와 글쓰기가 느슨해지다가도 작가님을 만나면 힘과 열정이 되살아난다. 나를 기적의 통로로 안내한 작가님께 감사드린다.

제2장

누구나 작가가 되는
세상이 펼쳐지고 있다

저술가에겐 두 가지 타입이 있다. 사물의 본질을 밝혀내기 위해 글을 쓰는 사람과, 무언가를 쓰기 위해 사물을 관찰하는 사람이다. 첫 번째 타입의 저술가는 고유의 사상과 경험을 소유한 사람으로서 이를 독자에게 전달하는 데 글쓰기의 가치를 둔다. 두 번째 타입의 저술가는 돈을 목적으로, 즉 돈을 벌기 위해 글을 쓴다.

쇼펜하우어, [문장론], 47쪽

정말 중요한 것은 실력이 아니라 사람들이 당신을 아느냐 하는 것이다

지금 이 시대는 전문가의 시대가 아니다. 지금 이 시대가 원하는 것은 전문가의 실력이 아니다. 지금 이 시대는 당신의 실력보다 당신의 유머감각, 외모, 감성, 이미지, 스토리, 생각, 스타일을 더 중시한다.

그리고 이러한 것들이 실력보다 더 중요한 이유는 세상과 타인이 당신을 잘 알게 되고 기억하는 이유가 바로 이러한 것들이기 때문이다.

무엇보다 당신이 가진 실력에 따라 당신의 수입이 결정되는 것이 아니라 사람들이 당신을 얼마나 잘 아느냐에 따라 당신의 수입이 결정된다는 사실은 이 시대의 새로운 트렌드를 말해 주고 있는 것이라고 나는 생각한다.

한마디로 당신의 연봉은 당신의 실력과는 상관없다는 것이다. 당신의 태도, 당신의 좋은 이미지, 당신만이 가진 독특한 인생 스토리나 경힘, 당신만이 할 수 있는 독특한 생각이나 아이디어, 남들과 다른 당신만의 탁월한 유머 감각이나 감성, 상상력이 풍부할수록 당신은 더 많은 인기와 부와 성공을 거머쥘 수 있게 된다.

이러한 사회는 감성과 스토리의 시대이다. 감성과 스토리가 이 시대 사람들을 사로잡는 가장 큰 경쟁력이며 무기이다. 이런 추세는 앞으로 더 심해질 것이다. 운이 좋게도 사람들의 기억에 오래 남고, 특별한 이미지와 개성으로 인기를 얻게 되면, 그 사람은 연기 실력이나 노래 실력과 상관없이 전혀 다른 인생을 살게 된다.

잘 생각해 보면, 연기 실력이나 노래 실력은 사람들이 당신을 잘 알게 하는 데 촉매 역할을 할 뿐 그것이 진짜 당신의 인지도에 직접적인 영향을 준 것은 아니라는 사실을 알아야 한다.

물론 실력이 뛰어나서 남들에게 자신을 알릴 기회를 더 많이 가진다는 점에서는 어떤 연관이 있을 수 있다. 하지만 기회를 얻는 것과 그 기회를 통해 성공을 거머쥐는 것과는 엄연히 다른 별개의 것이다. 이제는 노래 실력이나 연기 실력이 없어도, 특별한 개성과 독특한 이미지를 가지고 있거나 특별한 스토리를 가지고 있으면 그로 인해 사람들이 당신을 기억하고 알게 된다. 그렇게 되면 그 사람은 수입이 이전과는 전혀 딴판이 된다.

비교도 할 수 없을 정도로 많은 수입을 얻게 되고, 여기저기서 부르는 그런 사람이 되는 것이다. 우리는 보통 이것을 '떴다'고 말한다. 연예인들에게는 이것이 인기라고 불린다.

하지만 이러한 것들이 연예인이나 프로 스포츠 선수들에게만 국한되는 시대는 이미 지나갔다. 이제는 일반인들조차도 정말 중요한 것은 실력이 아니라 '사람들이 그 사람을 얼마나 아느냐'에 달렸다.

작가가 되어, 자신의 이름으로 된 한 권의 책을 세상에 내 놓는다는 것은 특별한 실력을 갖추거나 엄청난 일을 성취하여 세상을 놀라게 한 것과 다름없는 파급효과를 가지고 있다. 그래서 한마디로 작가가 된다는 것은 자신을 세상에 알리는 최고의 방법이라는 것이다. 바로 이것이 당신이 작가가 되어야만 하는 이유인 것이다. 이것은 당신이 무엇을 하는 사람이라도 다 적용이 된다. 당신이 군인이라도, 학생이라도, 일반 직장인이라도, 교사라도, CEO라도, 가정주부라도, 심지어 어린 아이라도 마찬가지이다. 자신의 이름으로 된 한 권의 책을 출간한 사람과 단 한 권의 책도 자신의 이름으로 출간해 본 적이 없는 사람과의 차이는 말로 할 수 없다. 그렇다고 책 한 권을 출간한다고 해서 인생이 저절로 달라지는 것은 아니다. 하지만 인생이 달라질 수 있게 엄청난 기회를 제공하는 것은 분명하다.

긴 인생을 제대로 준비하는 최고의 직업

시대의 변화를 통해 우리 인생이 직접적으로 영향받는 것 중에 하나는 평균 수명이다. 불과 50년 전만 해도 평균 수명이 40~50세 정도였다. 60세까지 살면 장수한 편에 속했다. 하지만 지금은 70세는 기본, 80세는 보통이고, 90~100세가 되어야 장수했다고 하는 시대가 되었다. 한마디로 '인생은 길고 직장은 오히려 짧아졌다'.

이런 시대적 변화를 온몸으로 겪으며 당신은 힘겹게 살고 있다. 당신은 어떻게 길어진 인생을 준비할 것인가? 당신이 가진 최고의 노후 준비는 무엇인가? 어떤 이에게는 준비가 아닌 지금 당장의 삶일 것이다.

열심히 공부해서 좋은 대학에 들어갔는데, 대학에 평생 있을 수는 없다. 열심히 공부하고 졸업해 좋은 직장에 취직하고 남들보다 열심히 일했지만 그 직장이 당신을 평생 먹여 살려 주지 않는다.

당신이 30대 혹은 40대가 되면 슬슬 퇴사 준비를 해야 한다. 스스로 준비해서 나오면 양반이다. 준비도 못한 상황에서 30, 40대 때 회사에서 쫓겨나다시피 나오는 사람들도 적지 않다. 이런 경우 앞으로 살아가야 할 인생이 살아온 인생보다 두 배 이상 많은 사람도 적지 않다.

이렇게 길어진 인생을 어떻게 준비해야 할까? 최고의 노후 대책은 '작가가 되는 것'이다. 작가는 당신이 노년이 되어 육체 노동이 힘들 때도 할 수 있는 직업이다. 70대나 80대에도 문제없이 해낼 수 있는 특별한 직업에 속한다. 또 정년퇴직이 없고, 평생 현업으로 뛸 수 있는 최고의 직업이다. 작가는 진정한 프리에이전트이다. 〈프리에이전트의 시대〉의 저자인 미래학자 다니엘 핑크는 이렇게 말했다.

> **"20세기 후반, 미국의 사회, 경제적 생활을 이해하는 열쇠는 조직 인간이었다. 21세기에 새로이 등장한 상징적 인간상은 프리 에이전트이다. 그들은 거대 조직에 속박되지 않고 자기 스스로 정한 협약에 따라 일하는 독립 노동자로서, 한 사람의 보스를 위해서가 아니라 수많은 의뢰인과 소비자를 위해 일하는 사람들이다."** < 다니엘 핑크, [프리에이전트의 시대], 48쪽 >

당신이 살아야 할 21세기는 조직 인간의 시대가 아니라 프리에이전트의 시대다. 이렇게 프리에이전트의 시대가 된 배경엔 길어진 인간의 수명이 있다. 당신이 작가가 되어야 하는 이유도 이 시대의 평균 수명이 당신의 생각보다 훨씬 길어졌기 때문이다. 긴 인생을 평생 현역으로 사는 즐거움을 누리는 직업 중 하나가 작가임을 명심하자.

이 시대는 당신의 독특한 스토리를 원한다

당신이 작가가 되어야 하는 세 가지 시대적 이유 중에서도 가장 중요한 이유는 바로 이것이다.

'이 시대는 똑똑한 누군가의 지식이나 정보, 전문적인 경험에 관심이 없기 때문이다.'

이 시대 사람들이 관심이 있는 것은 자기 자신과 전혀 다른 스토리이다. 즉 남과 전혀 다르게 살아 온 당신만의 독특한 스토리를 이 세상 사람들은 당신의 직업적 경험이나 지식이나 정보보다 더 관심을 가지고 있기 때문이다. 당신만의 독특한 감성이 담긴 스토리를 이 세상에서 가장 잘 글로 쓸 수 있는 사람은 오직 당신뿐이다. 바로 이것이 당신이 작가가 되어야 하는 이유이다.

셰익스피어나 헤밍웨이도 당신의 스토리를 당신보다 더 잘 쓸 수 없다는 사실을 명심하라. 즉 당신은 당신의 이야기에 대해서는 이 세상에서 최고로 잘 쓸 수 있는 유일무이한 존재라는 것이다. 당신의 독특한 스토리를 이 시대가 간절히 원하고 있다. 하지만 당신이 쓰지 않는다면 그 스토리는 세상에 빛을 보지 못하고 사장되게 된다.

사마천의 〈사기〉에 왜 그토록 사람들이 열광하는지 아는가? 독특한 인간 군상들이 다 모여 있기 때문이다. 셰익스피어의 작품에 왜 온 세상이 아직도 열광하는지 아는가? 독특한 스토리에 독특한 캐릭터가 독특하게 잘 조합이 되어 있기 때문이다.

이 시대가 원하는 것은 '남과 다른 독특함' 즉 '차이'이다.

세계적인 경영컨설턴트인 톰 피터스는 자신의 저서 〈인재〉에서 다음과 같이 말했다.

"(기업, 그리고 당신에게) 차이, 특히 극적인 차이야말로 브랜딩의 전부다. 당신은 어떤 면에서 독특한가? 그걸 찾아내라. 그걸 선전하라. 그걸 키워라." < 톰
피터스, [인재], 51쪽 >

마케팅의 귀재 세스 고딘도 자신의 저서 〈보랏빛 소가 온다〉를 통해 독특함에 대해 강조했다.

"기업은 고객의 주목을 받을 권리가 없다. 지금까지 기업은 평범한 사람들을 위해 평범한 제품을 만들어왔을 뿐이다. 그러면서 자신을 주목해 달라고 계속

사람들을 귀찮게 굴었다. 이제 사람들은 기업을 주목하지 않게 되었다. 성장할 수 있는 유일한 길은 튀는 것이다." < 세스 고딘, [보랏빛 소가 온다] >

결론은 당신만의 독특한 스토리가 가장 큰 경쟁력이고, 그것을 제대로 발휘할 수 있는 사람은 당신뿐이고, 그것을 세상에 당당히 보여주는 일이 바로 작가가 되는 것이다.

이 시대가 당신만의 독특한 스토리를 간절하게 원하고 있다는 것이다. 무엇보다 당신이 살아가고 있는 이 시대에 세상을 움직이는 것은 지식과 정보와 기술이 아니라 스토리일 수 있다.

'스토리가 세상을 움직인다. 그리고 당신의 스토리는 당신의 인생을 바꾼다.'

스토리가 갈수록 중요해지고 있다는 사실을 가장 잘 알 수 있는 책 중에 하나는 미래학자 다니엘 핑크의 책이다. 그의 책에 보면 스토리가 중요하다는 사실에 대해 강조한 대목이 나온다.

"논리적이고 분석적인 능력만으로는 더 이상 성공을 보장할 수 없습니다. 스토리가 있어야 합니다."

"성공적인 기업가가 되기 위해서는 회계. 재무 과학에 스토리 기법을 결합 할 수 있어야 한다."

"스토리는 비즈니스에 또 다른 중요한 충격을 주고 있다. 디자인과 마찬가지로 스토리는 개인과 기업이 공급 과잉 시장에서 자신의 상품과 서비스를 차별화

하는 중요한 수단이 돼가고 있다." < 다니엘 핑크, [새로운 미래가 온다], 140쪽 >

스토리의 중요성이 대두되고 있는 분야는 기업 경영뿐일까?

아니다. 의학 분야에서도 놀랍게도 활용되고 있다는 것을 알면 진짜 스토리의 시대가 왔다는 것을 알 수 있을 것이다.

"환자를 치료하고 병을 고치는 의사의 능력은 환자의 스토리를 정확히 이해하는 데서 비롯된다. 만약 그렇게 하지 못하는 의사는 한 손은 뒷짐 진 채 남은 한 손 으로만 일하는 거나 마찬가지다." < 다니엘 핑크, [새로운 미래가 온다], 145쪽 >

가정의학과 전문의인 하워드 브로디의 이 말처럼 의사의 능력은 이 제 환자의 스토리를 정확히 이해하느냐에 달려 있다.

왜 이렇게 스토리가 앞으로 점점 더 중요해지고 있는 것일까? 무슨 일이 일어나고 있는 걸까? 한마디로 세상이 풍요로워 지고 있기 때문 에, 그런 시대에 사람들은 생존에 필요한 것보다 삶의 의미와 가치, 목 적을 더 찾게 되기 때문이다. 스토리 속에 그러한 것들이 담겨 있다고 인간은 본능적으로 알고 있는 것이다.

다니엘 핑크가 스토리에 대해 잘 정리해 놓은 대목을 보면, 이러한 사실을 더 잘 이해할 수 있게 될 것이다.

"우리의 스토리는 곧 우리 자신이다. 우리는 오랜 시간 동안의 경험, 사고, 감 정을 몇몇 압축적인 스토리로 집약해 다른 사람에게 전하고 우리 스스로에게

말한다. 언제나 그래왔다. 스토리는 풍요의 시대에 더욱 기세를 떨칠 뿐 아니라, 더욱 중요한 의미를 가지게 됐다. 풍요의 시대에는 많은 사람들이 자유롭게 자기 자신을 이해하고 삶의 목적을 찾기 때문이다." < 다니엘 핑크, [새로운 미래가 온다], 148~149쪽 >

이처럼 스토리는 인간의 감성과 삶의 목적과 이해에 목말라 있는 현대인들에게 이제 그만 자신의 삶을 되찾을 것을 알려 주는 도구이다.

"스토리는 인간의 감성과 삶의 목적과 자기 자신의 이해에 목말라 있는 현대인들이 잃어버렸던 것들을 되찾을 수 있도록 해주는 가장 강력한 도구이다."

_ 김병완

이제 당신은 자신의 삶에 대한 저마다의 작가가 되어야 한다.

새로운 미래가 바라는 인간의 조건

최근에 인기를 끌고 있는 예능 프로그램들을 자세히 관찰해 보면 이 시대의 새로운 트렌드를 예견할 수 있다. 그런데 그것은 이 시대를 열심히 살아가고 있는 사람들이 자신도 모르게 본능적으로 이끌고 있는 취향이나 기회, 라이프 스타일, 삶의 모습들이 그대로 반영되기 때문이라고 할 수 있다.

그래서 과거에는 전혀 인기가 없었을 것 같았던 '아빠! 어디가', '인간의 조건', '나 혼자 산다', '진짜 사나이' 등과 같은 새로운 스타일의 예능 프로그램들이 엄청난 인기를 얻게 되는 것이다. 한마디로 시대가 바뀌고, 그 시대를 살아가고 있는 사람들의 가치관과 패러다임이 바뀌면서, 라이프 스타일도 바뀌기 때문이다.

그렇기 때문에 새로운 시대, 새로운 미래가 바라는 인간의 조건은 과거의 산업화 시대와 지식 정보화 시대가 바랐던 것들과 분명히 다르다.

과거에는 좌뇌형 인간의 특성들이 매우 중요시되었고, 그러한 것들을 그 시대가 요구했던 것이다. 가령 논리적이고 분석적이고 구체적이고 명확한 것들, 숲보다는 나무들, 제너럴리스트보다는 스페셜리스트, 감성이나 상상력보다는 구체적인 지식과 정보들이 요구되었다. 하지만 이제는 구체적인 지식과 정보보다는 감성을 자극해 줄 수 있는 상상력과 아이디어들, 나무보다는 전체적인 숲, 구체적이고 분석적이고 논리적인 것들보다는 통합적이고 조화를 이룰 수 있는 다각적인 것들이 더 중요시되고 있다.

작가들은 분야에 따라 스타일과 성격이 다를 수 있고, 같은 분야의 작가라도 자기 자신의 개성에 따라, 살아온 방식과 스타일에 따라 모든 것이 달라질 수 있다. 하지만 어떤 스타일의 작가라도 그 시대에 성과를 창출해 내기 위해서는 그 시대가 바라는 인간의 조건을 반드시 통찰하는 정확한 인식을 가져야 한다. 시대를 너무 앞서 나가는 것도, 그리고 시대에 너무 뒤처져 있는 것도 그 시대에 그 어떤 성과도 창출해 내지 못하게 하는 가장 큰 장애물인 셈이다.

이런 점에서 앞으로 독자들이 살아가야 하고, 지금 살아가고 있는 이 시대와 가까운 미래사회에서 요구하는 인간의 조건은 무엇인지에 대해 생각해 보아야 할 필요가 있지 않을까? 이러한 고민거리에 대해 쉽게 결론을 내릴 수 있도록 조력해 주는 것이 바로 '새로운 예능 프로그램들'이다.

이 시대 사람들이 가장 좋아하는 것은 '즐거움, 감동, 기쁨, 공감, 너와 나, 평범한 우리들'이라고 필자는 생각하게 되었다. 지금 새롭게 선을 보이고 있고, 더불어 큰 인기를 얻고 있는 예능 프로그램들은 바로 이런 몇 가지 키워드를 정확하게 내포하고 있기 때문이다.

이렇게 사람들이 열광하는 것이 변한 이유는 무엇일까? 그것은 바로 첨단 기술이 너무나 빨리 발전하고, 경제 성장을 통해 이제 풍요로움을 얻었기 때문이다. 이런 점에서 앞으로 일의 미래는 지금까지 하고는 전혀 다른 개념으로 변형될 가능성이 매우 높다고 생각한다.

과거에는 일이 먹고 살기 위해 많은 사람들이 하기 싫어도 해야만 하는 것이었다면, 미래에는 먹고 살기 위해 굳이 하지 않아도 되는 것으로 전락할 수 있을 것 같다는 생각을 해본다. 과거 산업화 시대에는 지금처럼 여가 시간이 많지 않았고, 라이프스타일이 다양하지 못했다.

하지만 지금만 해도 많은 사람들이 너무나 풍요로워졌고, 풍요로운 라이프스타일을 누리고 있다. 평범한 사람들조차 자동차를 타고 다니고, 과거 중세 시대에는 왕이나 최고의 귀족층만이 누릴 수 있는 인권과 복지, 안전을 지금 현대에는 평범한 사람들도 누리고 있듯이, 미래 사회에서는 지금 현대에 최고의 갑부들만이 누릴 수 있는 삶의 여유를 누릴 수 있게 될 것이다. 물론 그 반대일 수도 있지만 과학과 기술의 발달을 토대로 살펴 볼 때 지금보다 더욱더 풍요로워질 것만은 확실할 것 같다.

이렇게 풍요가 대세인 시대에는 어떤 인간들이 트렌드가 될까? 필자는 한마디로 자신을 표현할 줄 아는 인간, 자신과 타인의 삶을 연결할 줄 아는 공감대를 잘 형성할 줄 아는 사람, 새로운 것들을 끊임없이 잘 만들어 낼 줄 아는 상상력과 창조성이 뛰어난 사람, 시대와 미래를 통찰하고 예견할 수 있는 사람들이라고 생각한다.

좀 더 나아가 미래사회에는 한마디로 문화와 감성이 시대를 주도할 것 같다. 아니 확실하다. 지금도 문화와 감성에서 앞서가는 사람이 더 크게 성공한다고 할 수 있기 때문이다. 미래에는 지금보다 더하면 더했지 덜하지 않을 것이다.

미래사회는 더 많은 자기표현의 시대다

대표적인 미래학자 박영숙 유엔미래포럼 한국 대표는 미래사회의 변화를 '더 많은 자기표현이며 더 많은 정체성 만들기'라고 말한다.

> "미래예측은 이제 생활수단이다. 미래에 살아야 현재를 잘 살 수 있다. 미래에는 미래예측기술이 있는 사람과 없는 사람의 두 종류가 있다. 이제는 미국기업은 미래예측기술이 있는 아이들을 고른다. 미래사회의 변화를 한마디로 줄이면 더 많은 개별선택, 더 많은 자기표현, 더 많은 정체성 만들기다." < 박영숙, [새로운 미래가 온다], 10~11쪽 >

트위터와 페이스북 같은 SNS를 통해서 더욱더 많은 사람이 알게 모르게 이러한 추세에 참여한다. 페이스북을 통해 자신의 소소한 일상, 생각, 삶을 세상에 내놓고 그것을 즐기는 사람이 10억 명을 넘었다.

피터 드러커는 자신의 저서인 〈넥스트 소사이어티Next Society〉에서 새로운 자본가들이 지식근로자들이라고 오래전에 주장한 바 있다. 지식근로자들은 핵심 자원으로 지식을 소유할 뿐만 아니라 생산수단으로 지식을 소유한 자들을 말한다. 그의 책을 보면 신분의 상승이동이 실질적으로 무제한 열려 있는 최초의 인간사회가 바로 지식사회라고 말하는 대목을 접할 수 있다.

"다음 사회는 지식사회가 될 것이다. 지식이 지식 사회의 핵심 자원일 것이고, 지식근로자가 노동력 가운데 지배적 집단이 될 것이다. 지식 사회의 세 가지 주요 특성은 다음과 같을 것이다.

첫째. 국경이 없다. 왜냐하면 지식은 돈보다 훨씬 더 쉽사리 돌아다니기 때문이다. 둘째. 상승 이동이 쉬워진다. 누구나 손쉽게 정규 교육을 받을 수 있기 때문이다. 셋째. 성공뿐만 아니라 실패 가능성도 높다. 어떤 사람도 '생산 수단', 즉 어떤 직무의 수행에 필요한 지식을 획득할 수 있기 때문에 성공할 수 있지만, 그렇다고 해서 모두가 승리할 수는 없기 때문이다.

이런 세 가지 특성이 상승 작용하여 지식 사회를 고도의 경쟁 사회로 만들 텐데, 그 점은 조직에도, 그리고 개인들에게도 마찬가지 일 것이다." < 피터 드러커, [넥스트 소사이어티(Next Society)], 22쪽 >

그런데 필자는 이러한 특성을 가지고 있는 피터 드러커가 말한 지식근로자가 주가 되는 지식 사회는 이제 조금씩 저물어 가고 있다고 생각한다. 지식 정보화 시대가 지나가고 있다는 말이다. 즉 인류가 맞이하게 될 새로운 시대는 '지식 정보화 시대에서 감성과 상상력이 모든 것을 지배하고 이끌게 되는 창조화 시대'라고 생각한다. 감성과 상상력이 중요해지는 사회가 되어 가고 있고, 바로 그렇기 때문에 하이컨셉, 하이터치의 시대가 오고 있다고 미래학자들이 말하는 것이다.

이러한 시대에 가장 필요한 것은 자기표현이다. 자기 자신을 세상에 알리는 것이다. 어쩌면 이것은 기업들이 물건을 잘 만드는 것과 더불어 그 물건을 효과적으로 훌륭하게 잘 알리는 마케팅이 또한 매우 중요한 것과 마찬가지로 개인에게 있어서는 개인의 인생과 스토리를 알리는 것이 매우 중요한 시대가 오고 있다고 생각할 수 있을 것이다. 적어도 필자는 그렇게 생각한다.

과거에도 자기표현을 효과적으로 극적으로 잘한 사람들이 경제적으로 사회적으로 큰 성공을 하게 된 것을 거울삼아야 한다. 하지만 앞으로는 이런 경우가 트렌드가 되고, 그 결과 '퍼스널 마케팅'이라는 말도 만들어지게 되었던 것이다.

마케팅의 아버지라 칭송받는 세계 최고의 마케팅 구루인 필립 코틀러는 자신의 저서인 〈퍼스널 마케팅〉이라는 책을 통해 중요한 한 가지 사실을 주창했다. 그런데 그것은 바로 '정말 중요한 것은 사람들이 자기 자신을 아는 것'이라는 것이다. 한마디로 개인의 인지도가 다른 것들보다 더 중요할 수 있다는 말이다.

"사람들은 저마다 성향이 다르고, 개인의 브랜드화를 의식하든 않든 간에 개인이 속한 사회적, 직업적 집단 내에서 각자 자신의 이미지를 형성한다. 반면에 퍼스널 브랜드를 의식적으로 구축하는 사람들이 갈수록 늘고 있다. 영업사원들은 연봉을 올리고 조직 내에서 인정받기 위해, 교수들은 전문 이론을 개발하여 유명세를 얻고 기업에 자문해 주어 고소득을 올리기 위해, 가수들은 참신한 패션과 스타일을 갖춤으로써 수많은 경쟁자들 틈에서 돋보이고자 각자 자신만의 퍼스널 브랜드를 구축한다. 차별화된 브랜드 구축에 성공한 이들은 대중의 머릿속에 깊이 인식되어 시장에서 장기간 우위를 점하는 데 성공한다. 그리고 분명히 그 이름값에 상응하는 물질적 혜택도 얻는다." < 필립 코틀러, [퍼스널 마케팅], 29쪽 >

바로 이것이 당신이 작가가 되어야 하는 이유 중에 하나다.

작가는 어떻게 되었든 자신의 이름을 세상에 내놓고, 알리게 된다. 그 결과 어떤 다른 직업보다 더 쉽게 더 빠르게 유명인이 될 수 있다.

더 많은 자기표현의 시대에 작가보다 더 좋은 직업은 이런 측면에서 감히 없다고 말할 수 있을 것이다. 비견할 수 있다면 연예인이나 방송인이 있을 수 있지만 이것은 아무나 할 수 없다. 그 이유 중에 하나는 아나운서 같은 경우에는 혹독하고 어려운 입사 시험에 합격해야 하고, 합격한다 해도 다른 동료들과의 경쟁에서 이겨야 좋은 프로그램에 앵커가 될 수 있다. 개그맨이나 연기자들도 마찬가지이다.

하지만 작가는 그 어떤 입사 시험이나 타인과의 경쟁이 상대적으로 없다. 그저 자기 자신의 이야기를 쓰거나, 자신이 새롭게 창조한 글을 쓰면 되기 때문이다. 자신이 쓴 글이 좋고, 독자들에게 충분히 읽힐만한 것이면 책으로 출간되고, 독자들에게 읽힐 수 있기 때문이다.

그런 점에서 작가들은 경쟁에서 조금 더 자유롭다고 할 수 있다. 어떤 이들은 얼핏 보기에 같은 분야의 작가들은 서로 경쟁을 하는 것처럼 생각할 수 있을 것이다. 하지만 그것은 작가란 직업의 가장 중요한 목적이나 존재 이유를 그저 돈벌이나 수익 창출, 고객 확보로 볼 때 그런 것이지, 참된 작가의 목적이나 존재 이유를 토대로 해서 생각해 본다면 작가들은 경쟁이라기보다는 협업을 해야 한다.

그리고 무엇보다 다른 작가들의 우수한 작품들이 절실하게 필요한 사람들은 독자들이라기보다는 작가들이다. 그런 점에서 작가들의 세상은 경쟁보다는 협업이 필요한 세상이고, 서로 서로를 이끌어 주는 그런 상부상조의 관계라고 할 수 있다.

필자가 최근에 출간한 〈숨겨진 0.1% 공부의 신들의 천재공부법〉이라는 책의 경우도 바로 이런 경우이다. 필자는 한자를 전공하지 않았다. 그래서 '조선왕조실록'이라던가 조선의 책들을 원전 그대로 읽고 이해하는 것이 사실상 불가능하다.

그런데 조선 선비들의 원전을 독해하고 그것을 간추려서 책으로 출간해 준 많은 다른 작가들이 없었다면, 그래서 필자가 거의 다 섭렵한 조선 선비들의 삶과 인생, 공부에 대한 수많은 책들이 이 세상에 존재하지 않았다면 필자의 이 책도 또한 존재할 수 없었을 것이다.

결국 다른 작가들이 피와 땀을 흘려 세상에 내놓은 책들에 의해서 또 다른 작가들이 탄생하게 되는 연결 고리가 이어지게 되는 것이다. 그런 점에서 다른 작가들이 수준 높고 훌륭한 책을 내놓을수록 그것을 보고 공부를 한 다른 작가들은 어제의 자신보다 좀 더 나은 작품을 또한 출간해 낼 수 있고, 그것을 보고 또 다른 작가들이 영향을 받아서 이전의 자신의 작품보다 더 나은 작품이 또 나올 수 있게 되는 것이다.

그런 점에서 작가들은 경쟁 사회에서 사는 것이 아니라 아름다운 협업의 사회에서 서로 도움을 주고받으면서 사는 것이다. 하지만 이러한 원리를 꿰뚫어 보지 못 하고 그저 고객 확보나 수익 창출이라는 기업의 경영 원리 측면에서만 바라 볼 때 제로섬 게임이라고 생각해서 다른 작가들의 훌륭한 저작물에 대해 시기나 질투를 하면서 못마땅해 하는 작가들도 있는 것이 사실이다.

이러한 작가들의 세상에 대한 필자의 생각은 각설하고, 본론으로 다시 들어와서 말하자면, 미래사회는 더 많은 자기표현의 시대이고, 그런 점에서 더 많은 사람들이 글을 쓰고 책을 출간하는 작가가 되어야 할 이유가 있을 뿐만 아니라, 작가의 세계는 그렇게 경쟁이 치열한 사회가 아니라 함께 성장하는 그런 동반 성장의 상부상조의 세상이라는 점을 꼭 독자들에게 말해 주고 싶었던 것이다.

거짓말같이 출판사와 계약이 되다!

_한** 작가님 (김병완 칼리지 책 쓰기 수업 수강생)

거짓말같이 출판사와 계약이 되다

나는 37살의 평범한 직장인이다. 김광석의 '서른 즈음에'라는 노래를 들으며, 30살을 걱정했던 시기가 있었다. 그때가 엊그제 같은데, 어느덧 40대에 문턱으로 가는 것이 느껴진다.

얼마 전까지만 해도 '40살이 되어도 잘 살 수 있을까(?)'라는 물음이 막막함으로 다가왔다. 주위 친구나 동료들은 큰 고민 없이 하루를 열심히 살아가는 것처럼 보이는데, 나만 왜 이런 고민을 하는 건지 답답했다. 해결책이 필요했고, 책에 답이 있을 것이라 막연히 생각했다.

소심한 엔지니어 반칙왕 되다

복잡한 마음을 이끌고 서점에 갔다. 책을 고르던 중 눈에 띄던 책이 있었는데 〈40대, 위대한 공부에 미쳐라〉라는 김병완 작가님의 책이었다. 저자 약력과 목차를 보고 무조건 구매했다. 답답한 마음에 책을 조금씩 읽어 내려갔다. 그런데 챕터마다 정리된 내용들은 나의 인생 이정표 같은 느낌이었다. '아~ 바로 이거야!'라고 무릎을 쳤던 기억이 난다.

그날 이후 나에게 작은 변화가 생겼다. 어딜 가나 늘 책이 따라 다녔고, 1분이라도 남는 시간이 있다면 책을 읽기 시작한것이다. 새로운 생활이 익숙해지고 김병완 작가님의 이름은 어느덧 잊혀져 갔다.

나는 그 이후에도 꾸준히 책을 읽었다. 책을 계속 읽다 보니 새로운 꿈이 생겼다. 그것은 '나도 언젠가는 책을 써야겠다'라는 막연한 꿈이었다. 궁금증을 풀기 위해 관련된 글쓰기 책을 읽기 시작했다. 유명작가의 글쓰기 책을 읽었지만, 오히려 꿈은 점점 멀어지는 것만 같았다.

좀 더 체계적으로 글쓰기를 배우고 싶은 마음에 오프라인 강의를 듣고 싶었다. 그래서 인터넷을 통해 관련된 개설 강의를 검색을 하였다. 하지만 대부분 개설 강의는 서울과 경기도에 집중이 되어 있었다. "나 같은 지방 사람은 배울 기회가 없는 거야?"라고 한탄만 하고 있을 때, 우연히 김병완 작가님의 공식 홈페이지를 발견했다. (이미 그의 책을 통하여 감명을 받아 매우 친숙하게 다가왔다.) 홈페이지는 전국적으로

'저자되기 프로젝트'를 진행한다는 공지가 있었다. 또 다시 "아~ 바로 이거다!"라고 소리쳤다. 그날 이후 '저자되기 프로젝트'라는 단어가 머리를 떠나지 않았다.

영화 '반칙왕'에서 어눌하고 소심한 은행원 임대호(송강호)가 레슬링 도장을 어슬렁거리는 느낌처럼, 나도 김병완 작가님의 공식 홈페이지를 수십 번 방문하였다. 처음 홈페이지를 방문한 이후 일주일 동안 '내가 할 수 있을까?', '이 사람 사기꾼 아닐까?' 등등 온갖 잡념들이 머리에서 떠나지 않았다.

나는 고민 끝에 '행동해야 답을 얻을 수 있다'라는 신념으로 '저자되기 프로젝트'를 시작하였다.

역사적인 5주간의 '저자되기 프로젝트'가 드디어 시작되었다. 5주간의 교육에서는 제목 선정, 목차 구성, 서문 쓰기, 본문 한 꼭지 쓰기와 출판사 원고 투고 등의 순으로 매주 강의가 진행되었다. 매주 강의에서 김병완 작가님은 내가 미리 준비한 서문과 목차 그리고 본문 내용을 하나씩 체크해 주시고 아낌없는 조언을 해주셨다. 그리고 실력과 상관없이 늘 찬사와 용기를 주셨고 냉철한 조언도 아끼지 않으셨다.

강의가 시작되고 한 주, 한 주가 지날수록 발전하는 모습이 보였다. 강의를 통하여 글쓰기에 대한 부분도 크게 향상되었다. 하지만 '저자되기 프로젝트'를 통하여 얻은 가장 큰 소득은 나에 대한 '의식혁명'이었다. 나 자신의 '의식혁명'을 통하여 나도 몰랐던 나를 끌어내 준 것이다. (소심한 엔지니어 반칙왕으로 변신하는 순간이다.)

드디어 '5주간에 저자되기 프로젝트'를 마치고 내 손으로 직접 완성된 출간 기획서를 무작정 여러 출판사에 투고하였다. 며칠이 지나고 거짓말 같은 일이 하나씩 생겨났다. 나 같은 보잘 것 없는 작가에게 출판사로 부터 계약을 하자는 연락이 온 것이다. 정말 믿을 수 없었다. 나에 이런 기회가 오다니… 그것도 대중과학이라는 분야로….

대부분 사람들은 거짓말 같다고 생각할 것이다. 하지만 나는 지금 이시간에도 출판사와 계약한 책을 이렇게 쓰고 있다. 그렇다 모두 진실이다. 나도 처음에는 믿을 수 없었다. 하지만 난 지금 느끼고 경험하고 있기 때문에 이제는 믿는다.

김병완 작가님과 함께한 '저자되기 프로젝트'는 그동안 내가 찾지 못했던 인생의 퍼즐조각을 발견하도록 나를 이끌어 주셨다. 공식적인 '저자되기 프로젝트'가 끝났음에도 아직도 함께했던 그 느낌은 여전하다. 김병완 작가님을 만나지 못하였다면, 나는 여전히 소심한 엔지니어의 한 사람으로 남았을 것이다. 하지만 이제는 소심한 엔지니어가 아니다. 나는 반칙왕이다.

또 다른 나로서 '반칙왕'를 만들어주신 김병완 작가님께 깊은 감사를 드린다.

제3장

호모 스크립투스, '글 쓰는 인간'의 출현

21세기는 매우 특별한 시기이자, 극단의 세기이다. 21세기에 인류는 과거 어느 때보다 훨씬 거대하고 찬란한 문명을 창조할 수도 있고, 아니면 다시 중세의 암흑기와 같은 상황에 놓이게 될 수도 있다. 인류의 앞날에 일어날지 모르는 파국을 피하고, 더 좋은 세상을 만들기 위해 미래에 일어날 일들을 통제할 방법은 수없이 많다. 이 시대는 혁명적으로 변화하고 있고, 그 과정에서 우리 아이들은 중요한 역할을 해낼 것이다. 따라서 우리는 그 아이들에게 미래에 펼쳐질 많은 것들을 가르칠 의무가 있다.

제임스 마틴, [제임스 마틴의 미래학 강의], 7쪽

인류 최초로 모든 사람이
글을 쓰는 시대가 왔다

2006년 3월 22일, 그날은 인류 최초의 트윗이 시작된 날이다. 인류 최초의 트윗은 잭 도로시Jack Dorsey에 의해 '지금 막 트위터를 만들었다just setting up my twttr'라는 말로 이루어진 트윗이다.

트위터를 통해 사람들은 알게 모르게 하루에도 수십 번씩 글을 인터넷상에 올리는 그런 라이프 스타일에 자연스럽게 익숙해져 갔고, 그것이 의미하는 것은 앞에서도 이야기했듯이 매일 글을 쓰고 또 쓰는 새로운 라이프 스타일이 인류에게 생겨나게 되었던 것이다.

이와 때를 같이하여 2006년 올해의 인물로 〈뉴욕 타임스〉는 쟁쟁한 역사적 인물들을 뒤로 하고, 바로 당신you을 올해의 인물로 선정했다. '인류 최초의 트위터가 시작된 그 해'라는 점은 우연의 일치가 아닐 것이다.

지금은 벌써 트위터가 시작된 지 7년이나 지났다. 그리고 트위터는 인류에게 최초로 그 모습을 드러낸 지 5년도 안 되어 5억 명이 하루에 1억 개 이상의 트윗이 쏟아져 나오게 될 정도로 인류 문명의 하나의 트렌드를 형성하고 있다.

트위터와 마찬가지로 트위터보다 2년 먼저 시작된 페이스북은 2012년 10월에 이미 10억 명의 가입자를 돌파했다. 이러한 트위터와 페이스북을 통해 평범한 사람들조차 매일 글을 쓰고 또 쓰는 그런 시대가 출현하게 된 것이다.

중세 시대에는 모든 사람이 글을 읽을 수 있는 시대가 아니었다. 우리나라의 경우 조선 시대만 해도 모든 사람이 글을 읽을 수 있는 시대를 상상도 하지 못했다. 하지만 현대로 시대가 바뀌면서 모든 사람이 글을 읽을 수 있는 시대가 되었고, 글을 읽지 못하는 사람들을 문맹이라 부르며 예외적인 경우라고 치부하게 되었다.

이와 마찬가지로 지금부터의 미래는 모든 사람이 글을 쓸 수 있는 시대가 되었다. 여기서 글이란 누구나 책을 출간할 만큼의 글을 쓸 수 있는 그런 시대라는 것이다.

한마디로 이 시대는 누구나 책을 출간할 수 있도록 도와준다. 1인 출판 시대가 열려 있고, 실제로 개인이 출판을 하기도 한다. 특히 인터넷과 SNS의 급격한 발전을 통해 누구나 쉽게 e-book을 만들 수 있는 그런 시대가 되었다.

1인 출판 시대에 대해서는 다음 장에서 좀 더 구체적으로 살펴보도록 할 것이다. 여기에서는 먼저 평범한 사람들이 알게 모르게 매일 글을 쓰는 시대라는 사실에 대해서 좀 더 이야기를 나누어 보자.

몇 십 년 전까지만 해도 매일 글을 쓰는 사람은 작가뿐이었다. 물론 전업 작가가 아니면서 글이라는 것을 쓰는 사람이 드물게 존재하기도 했다. 가령 일기를 매일 쓰는 사람의 경우가 가장 대표적인 경우라고 할 수 있다.

하지만 이것은 일기를 쓰는 한정된 사람에 국한된 얘기일 뿐이다. 일반적인 기준으로 볼 때 매일 글을 쓰거나 그만큼 자주 많이 글을 쓰는 사람은 전업 작가이거나 기자들 밖에 없었다.

하지만 이제는 달라졌다. 평범한 사람들, 즉 전업 작가나 기자와 같은 특별히 글과 관련된 생계 수단을 가지고 있는 특별한 직업에 속한 사람들뿐만 아니라 너무나 다양한 계층의 다양한 사람들이 '글'을 쓰는 그런 시대가 되었다고 필자는 생각한다.

먼저 평범한 사람들이 휴대폰이 보급되면서 문자를 자주 쓰게 되었다. 그리고 페이스북과 트위터 등의 SNS^{Social Network Service}의 폭발적 성장과 발전을 통해 평범한 사람들로 하여금 글을 쓰게 만들었다.

그렇다면 SNS는 과연 정확히 무엇을 의미하는 것일까? 그리고 왜 이렇게 파급 효과가 크고, 인류에게 엄청난 변화와 새로운 문화를 부여해 줄만큼 놀라운 그 무엇이 되었던 것일까?

이러한 질문에 대해 해답을 얻기 위해서는 무엇보다도 먼저 SNS의 정의에 대해서 살펴볼 필요가 있을 것 같다.

위키피디아Wikipedia에서 정의하는 SNS는 한마디로 "관심이나 활동을 공유하는 사람들 사이의 교호적 관계망이나 교호적 관계를 구축해 주고, 보여 주는 온라인 서비스 또는 플랫폼"이라는 것이다.

하지만 이러한 평범한 정의보다 실제로 트위터의 활용성은 무궁무진하다. 언제 어디서나 자신의 일상과 생각을 지구 반대편에 날릴 수 있을 뿐만 아니라 지구 반대편에서 지금 무슨 일이 일어나는지 그 정보를 가장 빨리 전달해 줄 수 있다.

실제로 세계적 뉴스채널인 CNN보다 더 빨리 지진이나 전쟁 소식이 트위터를 통해 전 세계로 전파된 경우가 자주 있다. 그리고 이러한 정보 전달의 속도와 힘뿐만 아니라 트위터는 마케팅, 홍보, 선거, 정치, 여론, 비평, 비난 등에도 엄청난 힘을 가지고 있다. 실제로 미국에서 최초의 흑인 대통령이 당선될 수 있었던 이유 중에 하나가 버락 오바마가 대통령 선거에서 트위터를 이용하여 홍보 효과를 극대화했기 때문이라고 감히 말할 수 있다는 것이다. 어떤 기업은 트위터에 올라온 한 명의 소비자의 불만에 주의를 기울이지 않아서 엄청난 피해를 본 적이 있다. 또 누군가는 트위터에 무심코 올린 한 줄의 글 때문에 심한 곤혹을 치르기도 한다.

SNS가 이렇게 큰 파급 효과를 가지게 된 본질적인 이유를 필자는 인간의 '표현 욕구'라는 본선에서 찾았다. 인간은 태어나면서부터 무엇인가를 표현하기를 끝없이 갈망하며 살아간다. 어렸을 때는 부모 앞에서 온갖 재롱을 떨면서 기쁨을 느끼고 재미를 느낀다. 성장하면서 같은 반 아이들과 선생님 앞에서 무엇인가를 발표하거나 보여줌으로써 희열을 느끼게 된다.

이러한 표현 욕구는 결국 많은 사람들이 부와 명예, 권력을 탐하게 하고, 더 나아가 모든 예술적 활동의 원동력이 되어 준다.

세계적인 대문호였던 셰익스피어가 '내 안에는 사그라들지 않는 갈망이 있다'라고 말한 것도 표현에 대한 욕망을 말하고 있었는지도 모르겠다.

인간의 본성을 토대로 하여 동기부여론Motivation Theory을 개발한 아브라함 매슬로우Abraham Maslow는 인간의 욕망에 대해서 체계적으로 정리한 학자 중에 한 명이다. 그는 인간은 만족할 수 없는 욕구를 가지고 있기 때문에 어떤 종류의 낮은 단계의 욕구가 충족되면 그다음 상위 단계의 욕구를 충족하려고 한다고 말한다.

그런데 생리적 욕구나 안전, 소속감에 대한 욕구보다도 집단 내에서 뛰어나고자 하는 존경 욕구와 자아실현 욕구가 더 상위 단계의 욕구라고 그는 말한다. 그의 주장에 따르면, 사회적 성과를 이루는 데 중요한 것은 능력과 동기 부여라는 것이다. 그렇기 때문에 동기부여가 많이 될수록 좋은 성과를 창출해 낼 수 있다.

왜 그토록 많은 이들이 인정받고자 노력하고, 부와 성공을 통해 무엇인가를 이루려고 하는 것인지를 그의 욕구 단계설을 통해 쉽게 이해할 수 있다. 위대한 예술가들은 자신의 생명보다도 더 이러한 욕구를 충족시키는 일에 모든 것을 쏟아 붓는 것이다. 자신의 창작품을 통해 자아실현이라는 최고의 욕구를 끊임없이, 끝없이 충족시키고자 했던 것도 바로 이것 때문이다.

하지만 이러한 위대한 예술성과 천재성을 가지지 않거나, 그러한 훈련이나 연습조차도 오랫동안 충분히 할 수 없었던 이들은 먹고 살기에 바빠서 일상에 매몰되어 진정한 의미의 자아실현을 이룰 수 없었다.

그래서 예술의 벽은 높고, 힘들고, 거칠고, 어려운 것이라는 인식이 팽배한 것인지도 모른다. 하지만 트위터와 페이스북을 통해 완전한 의미의 자아 표현은 아닐지라도 자신의 일상, 생각, 느낌, 주장을 이제는 너무나 쉽고 편하게 그것도 자주 표출해 낼 수 있게 되었다. 그것이 바로 인류 최초로 모든 사람이 140자라는 짧은 글을 통해 자신을 표현하고, 자신을 이 세상에 당당히 내 보이는 그런 시대가 왔음을 보여주는 트위터, 페이스북, 블로그 등과 같은 SNS인 것이다.

SNS 시대가 오면서, 인류는 최초로 누구나 매일 글을 쓰는 시대를 맞이했다. 누구나 알게 모르게 글을 쓰는 시대. 수십 년 전만 해도 누구나 글을 읽는 시대였다면 이제는 누구나 글을 쓰는 시대가 되었다.

새로운 인류, 호모 스크립투스

인류의 진화 과정 및 변화는 크게 다음과 같이 나누어진다.

능력 있는 인류라는 뜻으로 도구를 만들어 쓴 최초의 인간에 대한 이름으로 호모 하빌리스Home habilis라는 인류를 먼저 언급할 수 있다. 이 이름은 영국의 인류학자인 리키와 터바이어스, 네이피어 등이 이 인류의 화석을 발견했을 때 붙였다.

그다음이 직립원인直立猿人이란 의미인 호모 에렉투스Homo Erectus다. 그다음이 바로 호모사피엔스Homo Sapiens이며, 이 말은 '지혜가 있는 사람'이란 뜻이다. 생물학에서는 현생 인류를 가리키는 말이기도 하다.

이렇게 호모 하빌리스, 호모 에렉투스, 호모 사피엔스가 대표적인 인류를 지칭하며 변화 과정을 가장 잘 나타내는 말이라고 필자는 생각한다. 하지만 여기에 네덜란드의 역사학자 요한 하위징아는 놀이하는 인간이라는 호모 루덴스Homo Ludens를 인류 지칭 용어의 리스트에 등재시키고자 하면서, 자신의 저서인 〈호모 루덴스〉라는 책을 통해 제창했다.

"우리의 시대보다 더 행복했던 시대에 인류는 자기 자신을 가리켜 감히 '호모 사피엔스(Homo Sapiens, 합리적인 생각을 하는 사람)'라고 불렀다. 하지만 세월이 흐르면서 우리 인류는 합리주의와 순수 낙관론을 숭상했던 18세기 사람들의 주장과는 다르게 그리 합리적인 존재가 아니라는 게 밝혀졌고, 그리하여 현대인들은 인류를 '호모 파베르(Homo Faber, 물건을 만들어내는 인간)'라고 부르기 시작했다. 비록 인류를 지칭하는 용어로서 faber(물건을 만들어내는)라는 말이 sapiens(생각하는)라는 말보다는 한결 명확하지만, 많은 동물들도 물건을 만들어낸다는 점을 감안할 때 이 말 역시 부적절하기는 마찬가지이다. 인간과 동물에게 동시에 적용되면서 생각하기와 만들어내기처럼 중요한 제3의 기능이 있으니, 곧 놀이하기이다. 그리하여 나는 호모 파베르 바로 옆에, 그리고 호모 사피엔스와 같은 수준으로, 호모 루덴스(Homo Ludens, 놀이하는 인간)를 인류 지칭 용어의 리스트에 등재시키고자 한다." < 요한 하위징아, [호모 루덴스], 20~21쪽 >

이에 필자는 '글 쓰는 인간'이라는 의미의 호모 스크립투스[Homo scriptus]라는 인류 지칭 용어를 제창하고자 한다.

모든 인간의 행위를 '놀이'라는 측면에서 볼 수 있을지도 모른다. 하지만 어떤 사람들은 놀이라고 부르는 것을 품격이 떨어진다고 생각하기도 한다. 하지만 이러한 결론을 쉽게 내버리고 이러한 의식을 가지고 있는 사람에게는 절대로 호모 루덴스라는 말을 할 수가 없을 것이다. 하지만 인류의 본질 속에는 거부할 수 없는 놀이적인 요소가 담겨 있다고 그는 주장한다. 결국 놀이라는 개념은 문화라는 개념으로 이어지기에 이 두 가지를 통합하려고 그는 이 책을 썼다고 말하기도 한다.

필자 역시 이와 다르지 않다. 인류가 알게 모르게 본질적으로 행동하는 SNS는 결국 글쓰기라는 문화를 부추기고 있고, 그것이 문화라는 개념으로 이어지게 해 준다. 그래서 문화 속에 글쓰기라는 인간만이 할 수 있는 고유한 행동 요소와 영향이 무용이나 노래, 연극, 스포츠 등과 같은 것들 보다 점점 더 큰 비중을 차지하고 있다는 사실에 주목했다. 한마디로 글쓰기는 이제 인류가 절대로 타인에 의해 금지되거나 자율적으로 스스로 멈출 수 없는 하나의 시대적 행동이 되었다. 과거에 인류가 두 발로 직립하는 것이 더 이상 멈추거나 금지할 수 없는 인간의 중요한 행동이 된 것처럼 이제는 글쓰기가 인류에게는 가장 중요하고, 가장 필요한 행동이 되어 가고 있는 것이다. 바로 이러한 이유에서 필자는 지금 이 시대와 가까운 미래의 인류를 지칭하는 용어로 호모 스크립투스, 즉 '글 쓰는 인간'이라는 명칭을 인류 지칭 용어의 리스트에 등재시키고자 하는 것이다.

그래서 이 책은 또한 과학적인 접근 방식을 통해 글 쓰는 인류에 대한 책이 아니라 인류의 삶의 모습과 현상들을 토대로 한 문화적인 접근 방식을 취하는 문화 인류학의 성격이 강한 책이라고 할 수 있다.

글쓰기는 이제 인류의 삶의 양식 중에서 절대로 생략하거나 멈출 수 없는 하나의 고유한 양식이 되어 버렸다. 생각해 보라. 과거 호모 에렉투스나 호모 하빌리스가 노트북이나 컴퓨터 혹은 스마트폰을 통해 블로거나 트위터, 페이스북에 글을 타이핑해서 올리는 일체의 행동들은 절대로 상상할 수도 없는 행동들이다.

하지만 지금 인류들에게 이러한 행동들은 밥을 먹고, 잠을 자고, 사랑을 나누고, 공부를 하고, 일을 하는 것을 제외하면 가장 많이 하는 행동이 되었다. 뿐만 아니라 글을 쓰는 행동은 자기 자신을 표현하는 행동, 자신의 일을 알리는 행동, 자신의 인지도를 과시하는 행동, 타인과 소통하고 살아가는 행동으로 이어지게 되었다. 결과적으로 글쓰기는 결국 인간의 모든 행동과 이어지게 되는 것이다.

대통령은 글쓰기를 통해 국민들에게 발표할 자신의 생각을 정리하고 만든다. 기업의 리더나 조직의 수장들은 글쓰기를 통해 자신의 생각을 조직원들에게 알린다. 교사들과 학생들도, 일반인들도 글쓰기를 통해 자신의 생각을 표현하고, 자신의 인생과 삶과 일상을 표현한다.

그렇기 때문에 이제 글쓰기는 삶의 수단이 되었고, 삶 그 자체가 되었다.

매일 글을 쓰는 신인류의 모습들

한국 사회에서도 글쓰기 붐이 일어나고 있다. 이것은 지금 현 시대의 추세를 그대로 잘 반영하고 있는 것이다. 하지만 한국 사회는 글쓰기에 대해 매우 후진성을 아직까지도 면치 못하고 있다는 것 또한 현실이며 사실이다.

주간조선 2255호에 실린 기사에 따르면, 한국은 한마디로 글쓰기 후진국이라는 것이다. 그 근거로 한국과 미국의 대학에 글쓰기 전담 교원 수를 비교해 보면, 미국 캘리포니아 주립대에는 전교생이 1만 5,000명 정도인데 글쓰기 전담 교원 수가 40명이지만, 한국의 대부분의 종합대학의 글쓰기 전담 교원 수는 서너 명인 경우가 허다하다는 것이다. 심지어 명문대라고 하는 어떤 대학교에는 단 한 명의 글쓰기 전담 교원도 없다는 것이다. 그런데 이러한 사실이 매우 중요한 의미를 부여하고 있는 이유는 무엇일까?

디지털 시대에는 글쓰기가 매우 중요한 능력이 되기 때문이다. 아울러 글쓰기를 해야 할 기회가 과거에 비해서 훨씬 더 많아지기 때문이다.

인터넷의 발달, SNS의 열풍, 스마트폰의 대중화 등을 통해 인류의 생활환경이 급격하게 변해가고 있다. 특히 페이스북, 블로그와 같은 1인 미디어에 참여하는 사람들이 급격하게 늘어나면서 누구나 매일 글을 쓸 기회를 스스로 만들어 내고 있다.

블로그를 운영하기 위해서, 심지어 페이스북에서 활발한 참여를 하기 위해서는 반드시 글을 써야 하기 때문이다. 한마디로 인류는 글을 쓸 기회를 지금 이 시대만큼 많이 부여받고, 스스로 부여한 시대는 없었던 것이다.

한마디로 과거 중세에서 현대로 오면서 글 읽기가 폭발적인 가치를 가졌던 것처럼 이제부터는 글쓰기가 폭발적인 가치를 가지게 될 것이기 때문이다. 과거에는 전업 작가들만이 글을 매일 썼고, 더 잘 쓰기 위해 부단한 노력을 하고, 글쓰기에 관심을 가졌지만 이제는 평범한 사람들도 매일 글을 쓰고, 더 잘 쓰기 위해 노력하게 되고, 그 결과 자연스럽게 글쓰기에 큰 관심을 가지게 될 것이다.

일반인들의 이러한 관심과 글쓰기에 대한 노력은 과거에는 전업 작가들만이 하는 정도에 버금가는 것이 될 정도로 이제는 일반인들이, 즉 작가란 직업이 본업이 아닌 사람들이 과거의 작가들만큼 매일 글을 쓰고, 글쓰기에 대한 책을 읽고, 글쓰기에 관심을 가지는 그런 시대다.

인류 최초의 트윗이 2006년 3월 22일에 시작된 이후 6년 후인 2012년에는 5억 명의 사람들이 하루에 1억 개 이상의 짧은 글, 트윗을 웹상에 쏟아내고 있다. 페이스북에는 10억 명의 사람들이 참여하고 있다.

신인류에게 글쓰기는 이제 삶의 하나의 양식이며, 존재의 방법이며, 자신을 알리고, 자신이 살아가고, 자신이 의미와 가치를 추구하고, 삶의 재미와 기쁨을 얻고, 소통하고 나누는 최고의 방법이 되어 가고 있다는 사실을 아무도 부인할 수 없게 되었다.

우리는 왜 '글'을 쓰는가

호모 루덴스라는 놀이하는 인간에 대한 개념을 제창한 네덜란드 역사학자 요한 하위징아는 놀이는 또한 인식과 지식의 수단이 되며 동시에 다양한 형태로 문화적 기능을 하고 있다고 언급한 적이 있다.

> "일등이 되려는 욕구는 사회가 어떻게 기회를 제공하느냐에 따라 다양한 표현 형태를 취한다. 인간이 우월성을 놓고 경쟁하는 양태는 상품으로 내걸린 부상 만큼이나 다양하다. 경쟁의 결과는 행운, 신체적 힘, 재주, 유혈적 전투 등에 의해 결판난다. 또는 용기와 지구력, 기량, 지식, 자랑하기, 머리 굴리기 등의 경쟁도 있을 수 있다. 힘에 의한 재판이나 특정한 기술, 가령 칼을 만든다거나 교묘한 각운을 사용하는 기술 등이 요구될 수도 있다. 신탁, 내기, 소송, 맹세, 수수께끼 등의 형태를 취하는 경쟁도 있다. 어떤 형태로 진행되든 그것이 놀이임에는 틀림없으며 우리는 이런 관점에서 그 문화적 기능을 해석해야 한다."

< 요한 하위징아, [호모 루덴스], 20~21쪽 >

이와 함께 시를 창작하는 것도 역시 놀이의 기능이라고 그는 말한다. 그의 주장을 토대로 한다면 인간이 왜 놀이를 하는 것인지 어느 정도는 생각해 볼 수 있다. 그것은 놀이가 하나의 본능적인 욕구를 충족시켜 주는 그런 역할을 하기 때문이다.

이것은 인간은 왜 밥을 먹고, 잠을 자고, 사랑을 나누는가? 라는 질문과 전혀 다르지 않다. 그것은 본능이기 때문이다. 그런 점에서 본능도 역시 다양한 종류가 있다고 할 수 있다. 기본적인 본능이 있을 수 있고, 조금 더 고차원적인 본능이 또한 존재할 수 있다.

의식주와 관련된 것과 생리적인 현상은 기본적인 본능이다. 여기에 놀이와 같은 것은 고차원적인 본능이라고 할 수 있다. 하지만 이것보다 더 고차원적인 본능은 글쓰기라고 필자는 생각한다.

결국 필자의 결론은 '우리는 왜 글을 쓰는가'에 대한 대답은 그것이 자연스러운 본능이기 때문이라고 말하고 싶다. 이미 말했듯이, 글쓰기는 인간의 본능 같은 것이다. 예술이 그렇고, 문학이 그런 것처럼 말이다. 시가 말로 하는 놀이라고 요한 하위징아가 말했다면, 글쓰기는 글로 하는 놀이라고 필자가 말하고 있다.

〈새로운 미래가 온다〉라는 책의 저자인 다니엘 핑크는 미래 인재의 6가지 조건 중에 하나로 스토리story와 유희play와 의미meaning를 주장한 적이 있다. 그의 주장에 따르면, 지나치게 진지하면 사회생활에 악영향을 미칠 뿐만 아니라 개인적인 풍요로운 삶도 망치게 된다는 것이다. 그가 주장한 6가지 중에 세 가지가 인간이 글을 쓰는 이유이기도 하다는 사실을 필자는 깨달았다.

인간은 누구나 자신만의 스토리를 가지고 있다. 자신의 인생이 하나의 스토리이기 때문이다. 그리고 그 스토리를 다른 누군가에게 표현하고자 하는 욕망도 가지고 있다. 그리고 반면에 다른 누군가의 삶을 스토리를 통해서 들여다보고 싶은 본능도 가지고 있다.

인간에게는 지적 호기심이 있는 것처럼 타인의 삶에 대한 호기심도 있다. 그래서 사람들은 글을 써서 인터넷 상에 올리기도 하고, 책으로 출간하기도 한다. 그리고 동시에 타인이 쓴 책들을 읽는 것이다.

유희라는 측면에서 볼 때에도 인간이 글쓰기를 하는 이유를 살펴볼 수 있다. 글쓰기는 일종의 놀이이고 게임이기도 하기 때문이다. 동시에 누군가에는 일이며 의무이기도 하고 권리이기도 하다. 글쓰기가 이렇게 다양한 얼굴을 가진 것은 우리의 인생과 매우 흡사하다.

의미라는 측면에서도 글쓰기의 타당성과 존재성을 충분히 설명할 수 있다. 다니엘 핑크는 앞으로의 미래가 그 어느 때보다도 더 사람들이 의미를 추구하는 삶을 살아가는 환경을 만든다고 말한다.

"이 마지막 요점(의미의 추구가 우리를 살게 하는 원동력이라는 점)이 이 책의 핵심인 도잇에 오늘날의 세상에 어울리는 요체다. 21세기에 들어선 현 시대는 몇 가지 요인이 한데 어우러져 과거 어느 때보다 의미를 추구하는 삶을 살아갈

수 있는 환경이 조성됐다. 일단 대부분의 사람들은 빈곤의 고통에서 벗어나게 됐다.

우리는 과거 어느 때와도 비교할 수 없는 높은 생활수준의 시대에 살고 있다. 생존투쟁에서 벗어나 우리는 더욱 풍요로운 삶의 의미를 찾아 헌신할 수 있게 됐다. 빅터와 그의 동료 수감자들이 아우슈비츠에서 삶의 의미를 추구했다면, 풍요로운 삶을 살고 있는 우리 또한 어느 곳에서나 삶의 의미를 발견할 수 있을 것이다." < 다니엘 핑크, [새로운 미래가 온다], 228~229쪽 >

세계적인 미래학자 다니엘 핑크의 의미에 대한 그의 주장을 토대로 한다면, 즉 인간이 글을 쓰는 이유는 그것이 의미를 추구하는 일이 되기 때문이며, 그것은 바로 삶의 원동력이 되는 것들 중에 하나이기 때문이다. 그렇기 때문에 이러한 원동력을 인간은 본능적으로 추구하게 되고 자주 하게 되는 것이다.

빅 데이터 시대를 여는 신인류

인터넷만 발달되었다면 빅 데이터 시대는 도래하지 않았을 것이다. 하지만 인간에게는 자신의 생각이나 인생을 표출하고자 하는 본능이 숨겨져 있다. 그렇기 때문에 블로거와 트위터, 페이스북을 통해 끊임없이 자질구레한 이야기에서부터 심각한 정치, 사회, 경제, 전쟁, 국가, 역사 이야기들을 웹상에 글로 기록한다. 바로 이러한 글쓰기 시대를 통해서 새롭게 인류가 맞이하게 되는 또 다른 형태의 시대는 바로 '빅 데이터' 시대이다.

하루에도 1억 5,000만 개가 넘는 트윗이 쏟아지고 있다는 사실은 우리가 상상도 할 수 없을 만큼 방대한 양의 문자 데이터가 매일 생성되고 있다는 사실이다. 그런데 더 중요한 사실은 유튜브를 통해서 엄청난 양의 영상 데이터도 역시 쏟아지고 있다는 사실이다. 그리고 이것이 전부가 아니다. 수억 명의 블로거들이 쏟아내는 글들과 10억 명이 넘는 페이스북 가입자들이 쏟아내는 다양한 데이터들, 그리고 여기에 각종 사회단체들이 수집하고 있는 정보들, 심지어 개인의 이동 경로 정보까지도 포함된 각종 CCTV의 자료와 GPS를 활용한 위치정보 데이터 등은 한마디로 과거에는 상상도 할 수 없었던 분석과 예측의 중요한 자료가 되어 주고 있다.

빅 데이터Big Data는 과거에는 상상도 할 수 없을 정도로 방대하고 빨리 추가되고 다양한 형태의 대규모 데이터를 지칭한다. 그래서 빅 데이터를 3V로 쉽게 설명할 수 있다. 빅 데이터의 그 방대한 양Volume, 데이터 생성 속도Velocity, 형태의 다양함Variety이 가장 큰 특징일 것이다. 그리고 이러한 빅 데이터의 출현에 가장 큰 기여를 한 것이 바로 인터넷과 스마트 폰이고, SNS와 유튜브 등이다.

재미있는 사실은 이러한 엄청난 양의 빅 데이터가 엄청나게 요긴하게 사용될 수 있다는 사실이다. 한 가지 사례로 구글이 자동번역 시스템 개발에 성공했고, IBM이 실패한 결정적인 차이는 기술의 차이가 아니라 '얼마만큼 많은 양의 데이터를 가지고 있느냐'하는 것이었다는 사실을 들 수 있을 것이다.

빅 데이터의 활용은 기업경쟁력 강화에도 매우 요긴하게 이미 사용되고 있다. 고객들이 앞으로 어떤 종류의 제품을 더 선호하고 어떤 라이프 스타일을 추구하게 될 것인지를 빅 데이터를 토대로 분석하고 예측함으로써 기업경쟁력을 강화하고 있기 때문이다. 이것은 한마디로 비즈니스혁신인 것이다.

모바일 기기가 인류의 자연스러운 필수품이 되자, SNS가 엄청나게 쏟아져 나오기 시작했고, 인터넷이 인류에게 없어서는 안 되는 필수품이 되자, 엄청난 양의 검색어들이 쏟아져 나왔다. 이러한 데이터들을 잘 모아서 분석하면 얼마나 많은 사람들이 감기에 걸릴 것인지, 얼마나 많은 양의 예방 백신이 필요할 것인지를 정확히 예측하게 된다. 뿐만 아니라 미국 국세청은 빅 데이터를 활용하여 고의 세금 체납자를 사전에 찾아내어 연간 3,450억 달러에 이르는 세금 누락을 막았다.

이것뿐만이 아니라 빅 데이터의 활용 분야는 너무나 방대하다는 것이 또한 놀라움이며 혁명인 것이라고 필자는 생각한다.

이러한 시대적 흐름에서 필자가 가장 중요시하는 본질은 '많아지면 달라진다'는 지극히 평범한 진리이다. 태산도 한 줌의 흙이 많아진 것이며, 바다도 역시 한 방울의 물이 많아진 것에 불과 하기 때문이다. 빅 데이터도 역시 쓸모없는 것처럼 보이는 자질구레한 작은 데이터들이 엄청나게 방대한 양이 되면 엄청난 일들을 해 낼 수 있게 되는 엄청난 자원이 된다.

그래서 이제 데이터는 경쟁력인 것이다. 그리고 그 빅 데이터를 만든 것 중에 하나는 바로 당신이라는 사실이다. 당신이 알게 모르게 엄청난 양의 빅 데이터를 만들면서 지금 이 시대를 살아가고 있다는 사실을 한 번 쯤 생각해 봐야 한다.

당신과 우리들이 얼마나 많은 양의 데이터를 만들면서 살아가고 있는 새로운 인류인지를 가장 쉽게 이해할 수 있는 말은 무엇일까? 그것은 구글의 회장인 에릭 슈미트가 했던 이 말일 것이라고 생각한다.

"역사가 시작된 이래 2003년까지 인류의 의사 전달 내용을 모두 기록한다면 50억 기가바이트 정도 된다. 지금 우리는 단 이틀 만에 그 만큼의 데이터를 만들어내고 있다."

하지만 이제는 당신과 우리들이 단 하루 만에 이 만큼의 데이터를 쉽게 만들어내면서 살아가고 있는 그런 무시무시한 새로운 신인류라는 점을 생각해 본다면 지금 이 시대의 인류는 과거에는 도저히 상상도 하지 못했던 일들을 쉽게 그것도 매일 해 내고 있는 파워 인류인 것이다.

그래서 필자는 신인류의 특징을 대변하는 말 중에 하나로 강력하다는 의미를 가지고 있는 '파워 인류'라는 말을 언급하고 싶은 것이다. 이렇듯 신인류들은 파워 인류이기 때문에 상상도 할 수 없는 어마어마한 데이터를 생성해 내면서 하루하루를 살아가고 있는 것이다.

직장 경험을 토대로 책을 쓰다!

_강** 작가님 (김병완 칼리지 책 쓰기 수업 수강생)

직장 생활의 끝에서 만난 글쓰기

나는 회사생활을 10년 넘게 해온 평범한 직장인이었다.

IMF 여파로 힘든 시기 때 입사하게 되어 기뻤고 나도 이제 뭔가 할 수 있으리라는 설렘과 기대로 부풀었다.

세상에 쉬운 일은 없다고 했던가.

사회 초년생이었던 나는 배워야 할 것도 많았고 실수도 했다. 내가 부족한 게 아닌가 좌절하기도 했다.

하지만 나에게는 열정이 있었다. 회사와 일에 대한 열정이었다. 나에게 맡겨진 일이라면 제대로 잘하고 싶었다. 조금이라도 기여할 수 있는

다는 점에 행복과 보람을 느꼈다. 중간에 넘어지기도 하고 다시 일어서기도 했다. 회사가 전부라고 생각했던 나는 20대의 에너지를 모두 쏟아부었다.

그 와중에 개인적으로 뜻하지 않은 힘든 일도 겪었다. 감당하기 힘든 시련에 '난 열심히 살았는데 왜 이런 일이 생기지?' 원망이 되기도 했다. 그래도 날 붙잡아주고 포기하지 않게 해준 것은 남아 있는 의지와 열정이었다. 그렇게 난 파란만장(?)했지만 의미 있는 20대를 잘 보낼 수 있었다.

서른이 되면서 직장생활도 10년이 넘었다. 그리고 나의 방황은 시작되었다. 학창시절에도 겪지 않았던 사춘기를 나는 서른이 되면서 맞이하게 되었다. 정말 질풍노도의 시기였다.

질풍노도의 뜻을 찾아보면 '대단히 빠르게 불어오는 바람과 미친 듯이 닥쳐오는 파도'라고 나와 있다. 정말 미친 듯이 닥쳐왔다. 일에 대한 회의가 들기 시작했다. 내가 누구를 위해, 무엇을 위해 일하는지에 대한 근본적인 물음이 생겼다. 시간이 많이 지났지만 난 여전히 그 자리에서 제자리걸음을 하고 있는 듯했다.

가슴이 답답해 오기 시작했다. 자존감은 땅에 떨어진 상태였다. 몸과 마음이 지칠 대로 지쳐 있었다. 사람이 열정을 잃는 것이 가장 큰 재앙이라고 한 것은 맞는 말이다. 나를 지탱해준 열정을 난 잃어버린 것이다. 그리고 난 아무것도 할 수 없었다.

뼈를 묻을 것 같았던 회사를 떠날 것인가, 말 것인가 고민하게 되었다. 가장 힘들었던 고민이고 힘들었던 시절이었다.

가장 큰 이유는 새로운 도전에 대한 두려움이었다.

꿈을 현실로 만들어 준 책 쓰기 수업의 기적

그렇게 고민하던 시기, 어느 날 서점에서 김병완 선생님의 〈40대, 위대한 공부에 미쳐라〉란 책을 읽게 되었다. 김병완 선생님의 책을 처음 접한 것이다. 순식간에 읽어 내려갔다. 충격과 감동이었다. 3년 동안 독서에 몰입하여 작가가 되신 이야기는 깊은 인상과 함께 내 머릿속에 각인되었다.

고민에 고민을 거듭한 끝에 나는 12년의 직장생활을 마치게 되었다.

예전 같다면 전혀 생각지 못할 일을 결정한 것이다.

나는 그동안 관심도 없었고 거리도 멀었던 책을 읽기 시작했다.

욕심 부려 사놓고 읽지 않은 책들을 먼저 읽었다. 부끄럽지만 성인이 되고 처음으로 도서관을 다니기 시작했다. 나 자신부터 바꾸고 싶었다. 김병완 선생님의 책들을 읽으면서 멋진 삶을 살고 계신 모습이 정말 대단하고 존경스러웠다. 이런 분을 멘토로 모실 수 있다면 정말 큰 행복이라고 생각했다.

그런데 나의 바람은 기적처럼 이루어졌다.

작가로 제2의 삶을 살고 싶었던 나의 꿈을 김병완 선생님의 '저자되기 프로젝트'를 통해 이룰 수 있었고, 소중한 만남을 통해 평생의 스승님을 만나게 되었기 때문이다. 출판사에 원고를 투고하고 계약을 하고, 그리고 지금 글을 쓰고 있다는 것은 나에겐 기적이다. 상상속의 일들이 벌어진 것이다.

저에게 열정을 찾아주시고, 꿈을 이루게 해주시고, 더 큰 도전을 할 수 있게 해주신 김병완 선생님과 대한민국 넘버원 책 쓰기 학교 김병완 칼리지 책 쓰기 수업에게 깊은 감사를 드립니다.

감사합니다.

제4장

진정한 프로슈머인 라이더^{Wrider}의 시대

오늘날 대부분의 사람들이 사용하고 있으며 기업인과 정치인들이 크게 의존하고 있는 경제 지도는 아주 큰 지도의 단편이자 세부적인 내용을 담은 화폐 경제만을 보여 준다. 그러나 추적되지도 측정되지도 않고, 대가도 없이 대대적으로 경제 활동이 벌어지는 숨은 경제가 있다. 바로 비화폐의 프로슈머 경제이다.

제품, 서비스 또는 경험을 화폐 경제 안에서 팔고자 하는 사람들을 생산자라고 부르며 그 과정은 생산이라 칭한다. 그러나 비공식 경제, 즉 비화폐 경제 안에서 벌어지는 활동에 해당하는 단어들은 존재하지 않는다. 나는 <제3물결>에서 판매나 교환을 위해서라기보다 자신의 사용이나 만족을 위해 제품, 서비스 또는 경험을 생산하는 이들을 가리켜 '프로슈머prosumer'라는 신조어로 지정했다. 개인 또는 집단들이 스스로 생산produce하면서 동시에 소비consume하는 행위를 '프로슈밍prosuming'이라고 한다.

앨빈 토플러, [부의 미래], 225~226쪽

작가와 독자의 경계가 무너지다

세계적인 미래학자인 앨빈 토플러는 자신의 저서 중에 하나인 〈제3의 물결〉을 통해 '21세기는 프로슈머prosumer의 시대'라고 예언했다. 프로슈머란 한마디로 생산자와 소비자의 경계가 허물어진 새로운 인간을 의미한다.

물론 소비자가 생산 과정의 일부에 참여하는 생산적 소비자를 의미하는 말이지만, 앞으로 점점 더 생산자와 소비자의 벽이 허물어지게 될 것을 두고 그가 예견한 것임을 알 수 있다. 그런데 필자는 이러한 생산자와 소비자의 벽이 허물어지고 서로 통합되는 프로슈머의 특성을 출판업계에서 더 많이 그리고 더 정확히 발견할 수 있었다.

이제 작가들은 독단적으로 글을 쓸 수 없는 시대이다. 블로그와 서평과 트위터나 페이스북을 통해 독자들의 의견과 생각을 최대한 많이 수렴하여 다음 작품에 반영해야 한다. 그렇게 해야 독자들이 더 좋아하기 때문이다.

뿐만 아니라 독자들이라고 해서 평생 독자로 남의 책의 서평만 올리고, 남의 책만 읽다가 끝이 나는 것은 아니다. 어제까지만 해도 충실한 독자였던 이들이 오늘은 새로운 책의 저자로 둔갑하기도 한다.

과거에는 이러한 경우가 흔하지 않았다. 하지만 지금은 너무나 흔해졌다. 심지어 일반인들 중에서도 40대 중반 이후부터 글을 쓰기 시작해서 전업 작가로 전향한 사람들이 적지 않다.

한마디로 작가라는 벽이 허물어지고, 낮아지고 있다는 사실을 의미한다. 여기에 인터넷과 SNS의 발달로 인해 독자들의 말이 더 큰 힘을 얻게 되면서, 작가들은 자신의 생각만으로 순수하게 저술 활동을 할 수 없게 되었다. 수많은 독자들의 생각과 비평에 귀를 기울여야 하는 것이다.

뿐만 아니라 수천 권의 책을 읽은 독자들이 서평을 인터넷에 올리고 그 서평을 묶어서 책으로 출간하는 경우도 꾸준히 있어 왔다. 그런 점에서 독자들은 더 이상 과거의 독자들이 아니다. 독자들이 책을 읽고 그 책에 대해 자신의 생각이나 느낀 점을 작가에게 보내거나 인터넷에 올리게 되면 작가들은 자신의 책이나 잡지에 그 내용을 함께 실어 주는 경우도 이제는 비일비재해졌다. 독자이지만 다양한 방법을 통해 책을 출간하기도 하고, 작가이지만 또 다른 형식의 독자가 되기도 하는 것이다. 이것이 바로 현재 세계에서 가장 유명한 미래학자인 앨빈 토플러가 자신의 명저인 〈부의 미래〉에서 말한 프로슈밍prosuming인 것이라고 필자는 생각한다.

"오늘날 대부분의 사람들이 사용하고 있으며 기업인과 정치인들이 크게 의존하고 있는 경제 지도는 아주 큰 지도의 단편이자 세부적인 내용을 담은 화폐 경제만을 보여 준다. 그러나 추적되지도 측정되지도 않고, 대가도 없이 대대적으로 경제 활동이 벌어지는 숨은 경제가 있다. 바로 비화폐의 프로슈머 경제이다.

제품, 서비스 또는 경험을 화폐 경제 안에서 팔고자 하는 사람들을 생산자(Producer)라고 부르며 그 과정은 생산(production)이라 칭한다. 그러나 비공식 경제, 즉 비화폐 경제 안에서 벌어지는 활동에 해당하는 단어들은 존재하지 않는다. 나는 <제3물결The Third Wave>에서 판매나 교환을 위해서라기보다 자신의 사용이나 만족을 위해 제품, 서비스 또는 경험을 생산하는 이들을 가리켜 '프로슈머(prosumer)'라는 신조어로 지정했다. 개인 또는 집단들이 스스로 생산(produce)하면서 동시에 소비(consume)하는 행위를 '프로슈밍(prosuming)'이라고 한다." < 앨빈 토플러, [부의 미래], 225~226쪽 >

앨빈 토플러는 인생을 살면서 사람들은 누구나 한 번쯤 프로슈머가 된다고 말한다. 그리고 사실상 모든 경제에는 프로슈머가 존재한다고 또한 덧붙인다. 그가 말하는 프로슈밍은 진정한 의미에서 작가와 독자의 경계가 무너지고 작가가 독자이면서 동시에 독자가 작가가 되기도 하는 새로운 시대에 책을 쓰기도 하고, 읽기도 하는 대부분의 사람들의 행위를 가장 잘 설명해주는 단어라고 필자는 개인적으로 생각한다.

언제부터인가 통섭, 융합, 컨버전스의 시대가 되어 가고 있다. 그리고 우리는 알게 모르게 통섭, 융합, 컨버전스라는 단어를 많이 사용하게 되었다. 그 이유는 실제로 우리가 살아가는 사회는 하나 둘 씩 뭉쳐지고 있고, 경계가 사라지고 있기 때문이다.

가장 큰 경계 중에 하나였던 지역의 경계, 국경의 경계가 인터넷의 발달과 SNS의 대중화를 통해 웹상에서는 이미 거의 사라졌다. 이러한 융합은 지식 분야에서도 그대로 나타난다. 자연과학과 인문학, 즉 학문 간 융합을 통해 서로 다른 분야의 학문을 통합하는 것이 바로 통섭이기 때문이다.

이제는 이렇게 통섭하지 않으면 어려움을 겪게 되는 사회와 시대로 빠르게 급변하고 있다. 스티브 잡스가 인류에게 아이폰을 통해 스마트폰 시대를 열어 준 것도 결국 휴대폰과 네트워크와 감성과 디자인 등과 같은 요소들이 모두 통합되었기 때문이다. 다양한 것들의 경계를 허물고 통합할 수 있는 능력이 결국 최고가 될 수 있는 한 가지 비결이기도 하다.

작가이면서 독자인 라이더족의 탄생

앨빈 토플러가 예견했던 프로슈머prosumer가 생산자producer와 소비자consumer를 합성한 말인 것에 힌트를 얻어서 필자는 독자와 작가, 즉 출판업계에서 생산자에 속하는 작가와 소비자에 속하는 독자를 합성하여 새로운 신조어를 만들었다.

그리고 그 말이 바로 작가인 'writer'와 독자인 'reader'를 합성한 단어인 라이더wrider인 것이다.

'라이더'라는 말은 소비자인 독자가 직접 혹은 간접적으로 작가가 되거나, 작가의 생산적 창작 활동에 깊숙이 관여하고 참여하는 능동적이고 생산적인 새로운 유형의 미래형 독자를 의미하는 신조어인 것이다.

이러한 라이더족의 대표적인 경우가 서평을 주로 쓰는 파워 블로거들이다. 그들은 순수하게 독자들이었다. 하지만 그들의 서평이 결국에는 한 권의 책이 되기도 하고, 최소한 작가들에게 알게 모르게 직접 혹은 간접적으로 막대한 영향을 주고 있다. 더욱더 중요한 사실은 다른 독자들에게 그 책을 구입할 것인지 말 것인지를 결정하는 데 무시할 수 없는 큰 영향을 준다는 데 있다.

누군가가 책을 읽을 것인지, 그 책을 구입할 것인지에 대해 지대한 영향을 끼치는 사람은 더 이상 순수한 독자라고 할 수 없다. 그 책의 내용과 성격, 방향을 결정짓는 작가와 함께 그 책의 운명을 결정짓는 사람이 바로 서평을 전문으로 쓰는 파워 블로거들인 것이다.

전업 작가들도 다른 책에 대해 서평을 쓰거나 논의를 하거나 추천서를 써주는 경우가 비일비재하다. 그런 점에서 전업 작가들도 또 다른 작가들의 독자인 것이다.

작가는 어떤 의미에서 전부 독자라고 할 수 있고, 독자들은 결국 작가가 될 수 있는 사람들이다. 모든 책은 다른 책을 토대로 탄생되었고, 그렇게 탄생된 책들은 또 다른 책들의 뿌리가 된다. 그렇기 때문에 대부분의 작가들은 다른 작가들의 책을 통해 자신의 생각을 날카롭게 다듬으면서 자신의 철학과 인생관을 형성할 수 있을 것이다.

그리고 그렇게 형성된 인생관과 철학은 결국 새로운 책의 토대가 되어 주었을 것이다. 책도 매우 정확하다. 작가가 많은 것을 읽고, 생각하고, 경험한 만큼 좋은 책이 나오는 것이다. 독서를 많이 하지 않고, 인생을 적게 살았고, 가장 중요한 많은 사색과 생각을 하지 않았다면 그 사람은 절대 좋은 책을 쓸 수 없다. 인풋이 있는 만큼 아웃풋이 있는 것이 바로 책의 세상이기 때문이다. 공부를 많이 한 사람일수록 좋은 책을 쓸 수 있고, 좋은 강의를 할 수 있는 것이다.

중국의 시성 두보가 '만 권의 책을 읽으면, 글을 쓰는 것이 신의 경지
에 이르게 된다'라는 말인 '독서파만권 하필여유신'이란 말을 한 것도
이와 같은 맥락에서 이해할 수 있다.

결국 책을 쓴다는 것은 자신이라는 물통에 물이 조금씩 쌓이고 쌓여
서 가득 찼을 때 비로소 저절로 흘러넘치게 됨으로써 글이 흘러나오게
되는 것이다. 그런데 공부도 하지 않고, 책도 많이 읽지 않은 상태에서
욕심만 앞서서 책을 쓸려고 하는 것은 과욕에 불과하다.

책을 쓰려고 하지 않아도 많은 책을 읽은 독자들은 저절로 흘러넘치
게 되어 자연스럽게 책을 쓸 수 있게 된다. 필자가 이런 경우였다. 3년
동안 하루 열다섯 시간 정도 책만 읽고 다른 것을 전혀 하지 않았다. 그
렇게 많은 책을 섭렵하게 되자 어느 순간 저절로 책이 흘러나오게 되었
던 것이다. 그런데 여기에 시대적 흐름을 통해 이 시대에는 너무나 평범
한 사람들이 과거에는 전업 작가들만이 쓸 만한 양의 글쓰기를 매일 하
고 있다. 그리고 그들이 쓴 글들을 모으면 한 두 권의 책이 족히 되고도
남는다.

이것이 진정한 의미의 작가이면서 독자이고, 독자이면서 작가인 라
이더의 시대인 것이다.

라이더가 만들어가는 미래사회의 모습

라이더가 새로운 트렌드가 되면서 미래사회는 매우 지적인 사회, 소통하는 사회, 공감하는 사회, 누구나 자신의 목소리를 내는 사회. 성숙한 사회로 나아가게 될 것이다. 과거에는 지식인들이 사회에 대한 책임의식을 가지고 있었고, 정의로운 사회, 올바른 사회 구현을 위해 앞장섰다. 하지만 라이더 시대에는 모든 사람이 이러한 역할을 한다. 대통령 선출뿐만 아니라 후보 선정까지도 자신이 쓴 글을 통해 한다. 국정에도 직접 참여할 수 있다. 다시 말해 모든 사람이 글쟁이인 시대가 지금부터 펼쳐지는 미래사회의 모습일 것이라는 것이 필자의 주장이다.

미래사회에는 'know how'나 'know where', 지식이나 능력보다 'know how to write'가 더 중요한 사회가 될 것이다. 50년 전에는 글을 읽는 사람이 흔하지 않았다. 매우 귀했다. 그렇기 때문에 글 쓰는 사람은 더 찾아보기 힘들었다. 그래서 작가란 자신들과 전혀 다른 사람이라고 인식하는 경향이 많았다.

하지만 지금은 글 읽는 사람이 너무나 흔하고, 글을 읽지 않으면 안 된다는 사실도 누구나 잘 알고 있다. 또 글 쓰는 사람, 블로그나 페이스북, 트위터에 무엇인가를 글로 써서 올리는 사람이 너무나 흔해졌다.

불과 몇 십 년 전까지는 이렇게 많은 사람들이 글을 쓸 줄은 상상도 할 수 없었다. 쓴 만큼 돈을 받는 전업 작가도 아닌데 이렇게 글 쓰는 사람이 많이 존재할 수 있다는 생각을 해보지 못했다.

하지만 지금은 하루에 1억 5,000만 개 이상의 트윗이 웹상에 올라온다. 이러한 시대적 변화의 추세에 한 몫 하는 것은 컴퓨터다. 생각해 보자. 원고지에 글자 한 자 한 자를 쓰는 고전적인 방식으로 트위터나 페이스북을 해야 한다면 과연 몇 명이나 트위터를 할까?

더 쉽게 비교하려면 책 한 권을 쓸 때 원고지로 쓸 때와 컴퓨터나 노트북으로 쓸 때의 차이를 비교하면 된다.

필자 역시 처음에 글을 쓸 때는 노트북이 없어서 원고지에 직접 글을 썼는데, 그때의 노력과 에너지, 번거로움에 비하면 노트북이나 컴퓨터로 책을 쓴다는 것은 몇 십 배의 노력이나 에너지를 절약할 수 있다.

그런 점에서 글을 쓰는 인류를 탄생하게 해준 것 중에서 가장 중요한 기능을 한 것 중에 하나가 바로 컴퓨터일 것이다. 컴퓨터의 위력에 대해 잘 설명해 주는 대목을 필자는 〈중년에 쓰는 한 권의 책〉이란 책에서 찾을 수 있었다.

"내가 교수로 재직 중인 대학에서는 1학년생 전원에게 글쓰기 입문 세미나를 권하고 있다. 간단한 논문도 써보게 하는데 그때마다 적잖이 놀란다. 컴퓨터로 쓸 때와 원고지에 손으로 쓸 때의 차이가 너무나도 확연하다. 전자는 우선 문장 같다. 오자, 탈자가 적다. 제한 자수를 정확히 지킨다. 후자는 문장 연결이 불안정하다. 제대로 된 글이 아니다. 오자, 탈자는 기본이고 구두점도 엉망이다. 제한 자수를 채우는 데 급급해 전체적인 문장 밸런스가 나쁘다. 전자와는 비교가 안 된다. 후자는 신입생뿐 아니라 컴퓨터가 보급되기 전까지 학생들에게서 공통적으로 발견되는 특징이었다. 컴퓨터가 문장을 쓰는 사람, 그 중에서도 초보자에게 큰 도움이 된다는 것은 누구나 실감하고 있는 사실이다. 컴퓨터의 위력은 초보자에게만 한정되지 않는다. 글쓰기에 익숙한 사람이 보다 명쾌하고 정갈한 문장을 쓰고자 할 때 컴퓨터는 그 기대를 실현시켜 준다." < 와시다 고야타, [중년에 쓰는 한 권의 책], 32쪽 >

필자는 컴퓨터를 사용하는 시대가 되면서 사람들이 글쓰기를 좀 더 쉽게 편하게 잘할 수 있게 되었다고 생각한다. 특히 한 권의 책을 쓰기 위해 글쓰기를 할 때 컴퓨터를 사용해서 작업하는 것과 원고지로 작업을 하는 것은 정말로 너무나 큰 차이임을 알 수 있다.

이러한 시대적 환경, 컴퓨터와 인터넷, SNS의 발달로 인해 누구나 글쟁이가 되어 가고 있고, 될 수 있다. 이 시대에는 누구나 거의 준작가의 수준에 도달한다. 누구나 이 시대에는 작가만큼은 아니더라도 평범한 사람의 수준을 뛰어 넘어 글을 쓰고 글을 창작한다.

'일'보다 '글쓰기'가 더 중요한 사회

"'글쓰기'는 생존하고, 추구하고, 극복하고, 이겨내고, 성공하고, 무엇보다 행복해지기 위해 반드시 해야 하는 일이 되었다."

필자가 항상 강조해왔고, 지금도 강조하고 싶은 말이 이 말이다. 불과 몇 십 년 전까지만 해도 열심히 일을 해서 일의 성과가 탁월하면 인정받았고, 성공할 수 있었다. 하지만 지금은 그것만으로는 부족하다. 그 이유는 비슷한 성과를 창출해 내는 사람들이 지구상에 얼마든지 존재하기 때문이다.

과거에는 인터넷이 상대적으로 적게 발달 되었고, 특히 SNS가 출현하기 전이었다. 그래서 그 때에는 그 지역, 그 사회에서 조금만 두각을 나타내면 성공할 수 있었다. 하지만 지금은 전 세계인들과 쉽게 비교되고, 평가된다. 그런 점에서 자신이 아무리 열심히 일을 하고, 그 성과가 탁월하다 해도 여간해서는 알려지지 않는다.

그런 점에서 그 사실을 좀 더 많은 사람들에게 좀 더 효과적으로 알려 주어야 할 필요성이 부각되는 것은 어쩌면 당연한 일인지도 모르겠다. 그런 점에서 일 그 자체보다는 글쓰기가 더욱더 중요해지고 있는 시대적 흐름을 간파해야 할 필요가 있을 것 같다.

인류 역사상 지금보다 더 글쓰기의 중요성이 부각된 적은 없었다.

인류의 역량들이 축적이 되어 최고의 역량이 된 것이 바로 글쓰기인 것이다. 그렇기 때문에 앞으로 문명이 발달할수록 글쓰기는 가장 중요하고 가장 기본이며 가장 최고인 경쟁력이 될 전망이다.

우리 주위에서도 글쓰기를 하는 사람과 글쓰기를 전혀 하지 않고, 관심조차 없는 사람의 몇 년 후가 확연하게 차이가 난다는 사실을 쉽게 살펴볼 수 있다. 똑같은 회사에서 똑같은 일을 똑같은 성과를 내면서 비슷하게 하는 동료이지만, 자신의 삶과 일에 대해 꾸준히 글쓰기를 해온 사람은 어떻게든 저자가 되고, 그것으로 인해 자신을 세상에 알리는 효과를 얻어서 그 분야에서 최고의 전문가로 인정받게 된다.

책 한 권이 바로 자신의 전문가 자격증인 것과 마찬가지인 셈이다. 그런데 그 책이 좀 더 큰 호응을 얻고, 신뢰를 얻을 만큼 잘 쓴 책이라면 이러한 효과는 배가 된다.

특히 모든 사람이 글쟁이인 시대에 다른 모든 사람들은 글쓰기를 통해 이런 효과를 기본적으로 누리고 가지기 때문에, 글쓰기를 하지 않고, 글쓰기와 친하지 않은 사람은 불이익을 스스로 자청하는 것과 다를 바 없게 된다는 것이다.

생각해 보자. 현생인류를 표현하는 동물분류학상의 학명은 '호모 사피엔스Homo Sapiens'다. 라틴어로 '생각하는 사람'이라는 의미다. 그리고 그전에는 호모 에렉투스였다. 두 발로 직립 보행하는 인류가 출현했기 때문이다.

그리고 20세기 후반부터 인류를 지칭하는 말들이 다양하게 생겨났고, 그중에서 가장 의미 있는 말 중에 하나가 '호모 로퀜스Homo Loquens'이다. 호모 로퀜스에 대해서 〈중년에 쓰는 한 권의 책〉이라는 책의 저자인 와시다 고야타는 이렇게 밝힌 적이 있다.

> "자연(natural)과 인간(art, 인공)을 구별하는 경계선에는 '언어(말)'가 있다. 따라서 인간은 호모 로퀜스(homo loquens), 즉 '말하는 사람'이라고 불려야 한다는 입장이 20세기 후반부터 유력한 가설로 떠올랐다. 나 또한 같은 생각이다.
>
> 언어에는 지금 여기 없는 것, 아직 어디에도 나타나지 않은 어떤 것을 머릿속에 재생시키는 능력이 있다. 인간은 언어를 통해 자연계에 없는 현상을 머릿속으로 상상했고 이를 실현시키려고 노력해왔다. 그리고 마침내 현실로 만들어냈다. 인간이 자연을 초월할 수 있었던 힘은 언어를 사용해 온 역사에 있다. 언어야말로 창조력과 상상력의 중요한 모태였던 것이다." < 와시다 고야타, [중년에 쓰는 한 권의 책], 16쪽 >

이제 생각을 하는 것, 말을 하는 것에 그치는 것이 아니라 인류는 그 생각을 세상 밖으로 표현하는 데 말을 사용하는 것을 넘어서 글로 쓰는 데까지 발달했다. 그것이 바로 '글을 쓰는 인간' 즉, '호모 스크립투스'인 것이다.

'글 쓰는 인간'인 호모 스크립투스는 또한 라이더의 가장 대표적인 사례이며 모습이다. 이 시대에는 누구나 글을 쓴다. 그렇기 때문에 당연히 인류는 '글 쓰는 인간'인 호모 스크립투스로 불려야 한다. 이것이 필자의 주장이다.

디지털화가 더 진행될수록 인간은 말보다 글을 더 많이 사용하게 될 것이다. 그래서 컴퓨터 없는 세상이 상상이 안 되듯, 글을 쓰지 않는 인간을 상상할 수 없게 될 것이다. 직립 보행하지 않는 인간을 상상할 수 없는 것과 마찬가지의 충격일 것이다.

일이 아닌 쓰기로 자아실현을 하는 시대

새로운 세상이 원하는 것은 당신이 쓴 책이 불후의 명작이 되는 것이 아니다. 이 세상은 당신의 삶을 진정성 있게 알고 싶어 한다. 그리고 무엇보다 '대중이 서로 교감할 수 있는 책'도 반드시 필요하다.

그래서 나탈리 골드버그는 특별한 인생을 살아오지 않은 평범한 사람들이 '자신은 글로 쓸 만한 것이 없다'고 말할 때, 차분한 목소리로 솔직하게 자신의 평범한 삶을 글로 쓰라고 조언해 준다. 다른 사람들에게는 당신의 평범한 일상 이야기가 필요하기 때문이라는 것이다.

"나이가 지긋한 학생 한 분이 나를 쳐다보지도 못하고 조심스럽게 걸으며 말을 꺼냈다.

- 제 어린 시절은 그다지 나쁘지 않았어요. 그러니까 제가 나고 자란 곳은 일리노이인데…….

- 별 사건도 없이 평범하게 살아왔는데, 그래도 자서전을 쓸 수 있는지 묻고 싶으신 거죠?

내가 도중에 끼어들어 물었다. 그 학생이 부끄럽다는 듯이 고개를 끄덕였다.

- 답을 알고 있잖아요. 미즈 반 데어 로에가 뭐라고 했죠? 신은 디테일 속에 있다고 했잖아요. 차분한 목소리로 그 사소한 이야기들을 들려주세요. 우리는 평범한 유년시절을 알아야 해요. 그러지 않으면 어떤 게 평범한 유년시절 인지도 모를 테니까요. 그럼 어떻게 살아가야 할지도 모르겠죠.

그 학생의 걱정스럽던 표정은 순식간에 안도의 표정으로 바뀌었다. 우리에게 는 평범한 당신이 필요하다. 기침감기에 걸렸을 때 시럽을 먹여줄 어머니와 할 아버지가 있었던 당신이. 그런 경험을 우리에게 들려 달라. 아마도 그런 경험이 당신의 흔들리는 삶의 토대가 되어주었을 것이다. 그 토대를 우리에게도 나눠 주는 것이다." < 나탈리 골드버그, [인생을 쓰는 법], 156~157쪽 >

또한 그녀는 글은 자기 자신을 위해 쓰는 것이고 이렇게 말한다.

"당신은 누구를 위해 이 글을 쓰고 있는가? 쓰려는 충동은 어디서 나오는가? 당신은 여러 가지 대답을 생각해낼 것이다. 이렇게 생각해보자. 당신은 옛날의 당신에게 말을 걸기 위해 몸을 돌리고 있다. 30년 전의 당신, 2년 전의 당신, 바보처럼 느껴졌던 당신, 실패하거나 승리했던 당신, 하찮고 내숭 떨고 용감하고 젊었던 당신, 사랑에 빠졌던 당신. 당신은 빈틈을 메우고 이해할 수 없는 일을 이해하려 하면서 완벽한 원을 그리려는 것이다. 누구를 위해 쓰는가? 더 나은 당신, 더 나쁜 당신, 좌절한 당신, 박탈된 당신, 갇힌 당신, 사랑받는 당신 자신을 위해서다." < 나탈리 골드버그, [인생을 쓰는 법], 347쪽 >

대부분의 사람은 일을 한다. 하지만 일은 자기 자신을 위해서 한다기보다는 생계를 위해, 돈을 벌기 위해 하는 경우가 더 많다. 그런 점에서 순수하게 자기 자신을 위해서 하는 행동 중에 하나가 바로 글쓰기일 것이다.

일을 통해 힐링을 받는 사람들은 드물지만, 글쓰기를 통해 힐링을 받는 사람들은 굉장히 많다. 알게 모르게 대부분의 사람들이 글쓰기를 하다보면 상처가 치유되고, 약함이 강해지고, 어리석음이 현명함으로 바뀌게 되는 순간을 경험하게 된다.

필자도 그랬다. 뿐만 아니라 글쓰기는 일보다 더 자아실현을 가능하게 해주는 위대한 도구이며 행위이다. 그래서 필자에게는 기적과 같은 일들이 벌어졌는데, 그 모든 기적의 원동력은 바로 글쓰기에서 오롯이 비롯되었다고 해도 과언이 아닐 것이다.

독자들이 명심해야 할 한 가지 사실은 '인간은 누구나 죽는다'는 사실이다. 그런데 당신이 아무리 열심히 일을 한다 해도 그 일이 당신의 죽음 이후에도 남아 있을까? 거의 사라지게 된다. 하지만 당신의 손으로 쓴 책은 남는다. 그렇기 때문에 진정한 의미의 자아실현은 글쓰기였다는 사실을 인식해야 할 필요가 있다.

'호랑이는 죽어서 가죽을 남기고, 인간은 죽어서 이름을 남긴다'는 말이 있다. 그런데 호랑이는 죽기만 하면 가죽이 남지만, 인간은 그냥 죽으면 이름이 절대 남지 않는다. 그렇게 하기 위해서는 다양한 방법이 있지만, 그 중에서도 가장 좋은 방법은 글쓰기가 아닐 수 없을 것이다.

미국 라스베가스에서 건너와서
책 쓰기 수업으로 베스트셀러 작가가 되다

_로니 박 작가님 (김병완 칼리지 책 쓰기 수업 수강생)

미국에서 건너와 베스트셀러 책을 출간하다

안녕하세요.

저는 미국 라스베이거스에 거주하는 로니 박입니다. 또한 김병완 칼리지 책 쓰기 103기 졸업생이기도 합니다.

저는 10년 전부터 책을 한 권 내고 싶다는 목표로 수많은 시도를 했지만 번번히 목표에 다가가기 전에 실패한 경험이 여러 번 있었습니다.

책을 쓰려 했던 이유는 남들이 해보지 못했던 나만의 사업성공 경험을 세상에 알림으로써 수많은 사람에게 용기와 희망을 주고 싶어서였습니다.

그런데 '구슬이 서'면 뭐합니까? 말이라도 꿰어야 보석이 되죠.

그러던 어느 날 서점에서 김병완 작가님의 책을 여러 권 보면서 글쓰기에 대하여 새삼 눈을 뜨게 되었습니다. 그때의 느낌은 경이로움 그 자체였습니다.

나도 이런 탄탄한 글솜씨를 가진 작가가 되어야겠다는 욕망이 생기는 시간이었죠.

세상의 어떤 배움도 훌륭한 스승을 만나지 못하면 한없이 먼 길을 가야 하는 게 인간 삶의 원리입니다. 글쓰기로 새로운 인생의 길을 알게 된 저의 이야기가 많은 분들에게 도움이 되기를 희망합니다.

저는 김병완 칼리지에서 배운 책 쓰기로 첫 번째 출간을 이뤘고, 동시에 책이 단숨에 베스트셀러가 되었습니다.

여러 번 글쓰기 낙제생이었던 제가 이뤘다는 것은 여러분도 할 수 있다는 뜻임을 과감하게 말씀드립니다. 책 쓰기가 이렇게 쉬운 줄 몰랐습니다.

바로 김병완 칼리지에서 책 쓰기는 너무도 쉽습니다.

제가 사용해야 할 10년의 시간을 1년으로 단축해 책을 쓰게 해주신 김병완 칼리지에 다시 한번 감사드립니다.

제5장

◇◇◇◇◇◇◇

새로운 스타일의 작가, 크리라이터^{Cre-writer}의 출현

변혁의 시대에 필요한 것은 전문 지식이나 한 두 분야에 천착하는 전문 작가가
아니라 다양한 분야를 통합하고 엮어서 새로운 것들을 만들어 낼 줄 아는 새로
운 스타일의 통합적이고 창조적인 글쓰기를 할 수 있는 다양한 분야의 지식을
폭넓게 가지고 있고, 그것을 통합하여 새로운 것들을 창조해 낼 줄 아는 작가이
다. 그런 작가가 바로 새로운 유형의 작가인 크리라이터(Crewriter)이다.

세계 최초 유일의 크리라이터(Crewriter) 김병완

시대가 바뀌면 모든 것이 달라진다

인류의 역사는 수천 년 이상이다. 하지만 경제학, 경영학이란 학문이 인류에게 모습을 드러낸 것은 백 년도 채 되지 않는다. 예능 방송인이란 분야도 과거에는 거의 존재조차 하지 않았다. 그저 코미디언 혹은 개그맨이 전부였고, 이들의 위상은 영화나 TV에 출연하는 배우와는 비교가 되지 않을 정도로 낮았다.

하지만 과거에는 없었던 예능이란 분야가 생기고 예능에 목숨을 거는 배우들, 가수들이 생겨날 정도로 예능이란 새로운 분야가 각광을 받고 있다.

이처럼 시대는 자꾸 바뀌고 변화는 계속 일어나고 있다는 사실을 간과해서는 안 된다. 한마디로 '시대가 바뀌면 모든 것이 달라진다'는 것이다.

소설가라는 직업도 과거에는 없었던 직업이고, 프로그래머란 직업도 과거에는 없었던 직업이다. 결론은 시대가 자꾸 바뀌어 가고 있고, 그로 인해 과거에는 버젓이 있었던 것들이 사라지고 없었던 것들이 새롭게 생겨나고 있다는 것이다. 그런 변화의 흐름에 글 쓰는 분야인 작가의 세계도 달라지고 있음을 알아야 한다.

과거에는 작가라고 하면 대부분 문학가를 말했다. 소설가나 시인이 대부분이었다. 지금처럼 자기계발 작가라는 직업은 존재하지 않았다. 하지만 자기계발 작가는 이제 누구나 다 아는 아주(?) 오래된 직업이 되어 버렸다. 21세기는 통섭의 시대, 창조의 시대라고 생각한다.

세계 유명한 대학교에서 21세기가 되기도 전에 미리 통합 학과를 개설하고 학생들을 가르치기 시작했다. 그 이유는 무엇이었을까?

그것은 바로 불과 몇 십 년 전까지는 세상이 이렇게 복잡하지 않았다. 그래서 어느 한 분야의 전문가가 그 분야의 문제를 충분히 해결할 수 있었다. 하지만 지금은 이 세상이 너무 복잡해져서 경영학자가 경영을 잘 하기 위해서는 인문학도 알아야 하고, IT 분야도 알아야 하고, 심지어 심리학도 잘 알아야 한다. 유명한 대기업들이 공학도를 선발하면서 인문학적 소양을 가지고 있는 사람을 우선 선발하는 이유가 바로 여기에 있다고 할 수 있다.

시대가 급하게 바뀌면서 패러다임이 바뀌고 있고, 그로 인해 그 시대에 필요한 직업의 성격이 급속도로 바뀌고 있다. 전업 작가이면서 기존의 작가들, 소위 문학가들이나 일반적인 자기계발 작가들과는 전혀 다른 성격의 새로운 작가의 유형이 생겨났다. 새로운 유형의 작가는 한마디로 크리라이터Cre-Writer이다.

크리라이터는 필자가 처음으로 사용하는 용어로서, '창조적인'이란 의미의 크리에이티브Creative란 말과 작가나 저술가를 의미하는 라이터Writer의 합성어로 이 책을 통해 처음으로 세상에 내놓는 말이다. 새로운 시대에 맞는 새로운 유형, 새로운 스타일의 경계를 부수고 분야를 넘나드는 통합적이고 창조적인 저술가의 세계로 당신을 초대한다.

> "나는 학생들이 계획하고 조심스럽게 기준에 맞추려고 애쓰며 쓴 글을 읽을 때보다 조심스러움을 내던지고 '쓰레기면 어때' 하는 마음으로 쓴 글을 읽을 때 나를 사로잡거나 끌어당기는 문구를 더 자주 마주친다. 내가 생각하는 탁월한 글은 이를테면 생명력과 에너지가 있고 독자적이며 심지어 제멋대로거나 반항적이기도 하다. 또 목소리나 실제성, 진정성, 정직함 등도 보인다. 이러한 특징을 갖추기 위해서는 '나쁨'을 환영해야 한다." < 피터 엘보, [힘있는 글쓰기], 25~26쪽 >

시대가 바뀌면, 글쓰기의 스타일과 성격도 바뀐다. 이것이 정답이다. 과거에는 글쓰기만큼 원칙과 규칙을 준수해야 하는 것도 없었다. 하지만 지금은 프리 라이팅 기법이 대세다. 과거에는 시 작법에만 존재하는 것으로 여겼던 프리 라이팅 기법이 소설과 산문에도 버젓이 그 영역을 확대해서 싹을 내고 잎과 열매를 맺기 시작했다.

정말 놀라지 않을 수 없다. 과거에는 정말 생각도 하지 못 한 일이기 때문이다. 프리 라이팅 기법은 한마디로 자신의 직관을 믿고, 마음이 가는 대로 자유롭게 멋대로 규칙을 벗어나서 글을 쓰는 것이다.

이렇게 글을 쓰는 사람이 과거에도 없었다고 할 수 없지만, 인정을 받지 못했을 것이 분명하다. 하지만 지금은 시대가 바뀌었다. 그 덕분에 이렇게 글을 쓰는 사람들의 작품들이 인정을 받고, 더 높게 평가되는 기이한 시대라는 것이다.

그래서 〈힘있는 글쓰기〉의 저자인 피터 엘보는 오히려 계획하고 조심하고 신중하게 조심스럽게 글을 쓰는 것을 내 던지고, 제멋대로 쓰거나 심지어 반항적으로 글을 쓰는 것도 마다하지 않고, 그렇게라도 하라고 작가 수업을 듣는 예비 작가들에게 부추긴다.

과거 같았으면 정말 큰일날 일이다.

새로운 스타일의 작가,
크리라이터가 탄생하다

'크리라이터Crewriter'는 정확히 무엇일까?

크리라이터는 한두 가지 분야의 전문적인 지식을 토대로 그 분야에 대한 이야기를 전문적으로 쓰는 전문 분야의 작가들하고는 전혀 다른 성격을 가지고 있다.

가령 경영학자들은 경영학이라는 자신의 전문 분야를 토대로 하여 경영과 관련된 책들을 주로 쓴다. 물리학자들은 자신의 전문 분야인 물리학을 토대로 하여 세상을 보고 분석하여 책을 쓴다. 독서법 전문가들은 독서법에 대하여 오랫동안 공부를 하고 연구를 하여 자기 나름대로의 결과물들을 책으로 내놓는다. 스피치를 주제로 내놓는 사람들은 보통 스피치 학원의 원장이나 아나운서 같은 이들이다. 뇌 과학서를 내놓는 사람들은 보통 신경전문가들이거나 의학 박사들이다. 자기계발서를 주로 쓰는 작가들, 즉 자기계발 작가들은 100년 전에는 이 세상에 존재하지 않았던 새로운 유형의 작가들이다. 하지만 시대가 너무 빨리 변하고 있기 때문에 이제 자기계발 작가라는 직업은 모든 사람들이 알고 있는 평범한 직업 중에 하나로 정착했다. 그리고 자기계발 작가는 주로 자기계발과 관련하여 책을 쓴다. 인문학자들은 주로 인문학과 관련하여 책을 쓴다.

즉, 지금까지 작가들은 대부분 자신의 전문 분야에 한해서 글을 썼다. 자신이 잘 쓸 수 있는 한두 분야를 중점적으로 해서 글을 썼다.

크리라이터는 이와 다르다. 크리라이터는 전문 분야가 없다. 그래서 통합적인 글쓰기를 하는 작가라고 할 수 있다. 전문 분야가 없다는 약점을 강점으로 발상의 전환을 해버린 것이다. 그래서 다양하고 통합적인 시각으로 세상의 모든 일에 대한 책을 저술할 수 있다.

그렇다고 깊이가 얕거나 수박 겉핥기식의 저술 활동을 한다는 것은 절대 아니다. 앨빈 토플러나 피터 드러커가 이러한 창조적 저술가의 가장 대표적인 사례라고 할 수 있다. 하지만 그들은 모두 좀 더 학문적인 글쓰기를 위주로 했다. 하지만 크리라이터는 좀 더 대중적이고 비학문적인 글쓰기를 위주로 한다는 점에서 차이가 있다고 할 수 있다.

지금까지의 전문 작가들은 자신이 오랫동안 전공하고 공부하여 학위를 받은 전문 분야의 지식이나 사상을 어느 정도 그대로 대중적인 글쓰기를 통해서 대중들에게 전달하는 역할을 해왔다. 전달하고 소개하고 알리는 역할이 강했다. 경영학자들은 경영에 대한 지식과 정보와 이야기를 전달해 주고, 알려주고, 미래학자는 미래에 대한 이야기를 대중들에게 알려주는 것이었다. 국문학자나 고전학자들은 과거의 글들과 인물들과 그들의 사상을 대중들에게 알려주는 역할이 무엇보다 크다고 할 수 있다.

하지만 크리라이터는 전달하고 소개하는 전달자의 역할과 달리 이전에 없던 것들을 다양한 분야의 것들을 통합하고 엮으면서 만들어내는 역할이 크다고 할 수 있다. 그래서 통합적이고 창조적 저술가라고 간단하게 말할 수 있다.

정리하자면, 크리라이터는 다양한 분야의 폭 넓은 지식을 바탕으로 그것들을 통합하고 엮어서 새로운 것들을 창조해내는 통합적 창조적 저술가이다. 한두 분야에 천착하기 보다는 다양한 분야를 경험하고 연구함으로써 폭 넓은 지식과 시야로 창조적인 글쓰기를 하는 새로운 유형의 저술가가 바로 크리라이터인 것이다.

이 세상에는 그 어떤 틀도, 룰도, 규칙도 없다. 그것이 혁신가의 정신이기 때문이다. 하지만 군이 크리라이터의 일반적인 조건을 제시해 달라고 한다면 필자는 크리라이터라는 말을 최초로 사용한 작가로서 의무감을 토대로 하여 명확히 그 기준을 제시하고 싶다.

크리라이터의 일반적인 조건은 대충 보면 다음의 세 가지 정도라고 할 수 있다.

① 2개 이상의 직업을 최소한 5년에서 10년 정도 경험해 볼 것. (인생 경험은 그 어떤 지식보다 중요한 살아있는 지식이라고 생각하기 때문이다.)

② 5개 이상의 서로 다른 분야를 주제로 하여 한 권 이상의 책을 출간한 경험을 가지고 있을 것. (일반인들의 수준을 넘어서 대중들을 깨우쳐 줄 수 있는 수준의 책이면 된다.)

③ 10개 이상의 서로 다른 분야에 대한 책 100권을 섭렵하고 반복해서 읽은 독서 경험을 가지고 있을 것. (10개 분야 × 100권 = 총 1,000권 이상의 독서 경험)

필자가 생각하는 크리라이터라면 최소한 갖춰야 하는 조건이나 자격(?)이다. 물론 이 세상에 정해진 그 어떤 것도 존재하지 않는다. 새로운 것들을 만들어 나가면 된다. 크리라이터라는 새로운 유형의 통합적이고 창조적인 작가의 필요성은 다시 말해서 이 시대의 독자들, 일반인들의 수준이 과거와는 몰라보게 달라졌고, 이제 웬만한 독자들은 자신의 분야에 대해서 한두 권의 책을 쓸 정도로 수준이 높아졌고, 실제로 그런 독자들이 적지 않다는 것이다.

그렇기 때문에 이러한 수준의 상향을 맞추어 전문적인 직업 작가들이 자신의 전문 지식에만 국한된 글쓰기를 넘어서서 새로운 유형의 창조적이고 통합적인 글쓰기를 하여 일반적인 독자들에게 한 단계 더 수준 높은 작품들을 제공해 주어야 할 의무가 있다고 생각한다. 그것이 바로 크리라이터인 것이다.

변혁의 시대에 시대가 필요로 하고, 요구하는 창조적 저술가, 통섭의 시대, 감성과 창조의 시대, 하이컨셉, 하이터치의 시대에 새롭게 탄생하게 될 새로운 유형의 통합적 사고력과 상상력과 창조력으로 무장한 통합적인 창조적인 저술가가 바로 크리라이터인 것이다.

크리라이터가 되기 위한 최적의 조건

크리라이터가 될 수 있는 조건은 따로 없다. 하지만 어떤 분야라도 그 직업을 가장 잘해 나갈 수 있는 최적의 조건이나 최고의 조건이란 것은 있다. 가령 예능을 잘 하기 위해서는 유재석이나 신동엽, 강호동 처럼 순발력, 재치, 입담, 호감 가는 외모(?), 공감력, 친화력 등과 같은 다양한 조건들이 최적의 조건이라고 할 수 있을 것이다.

크리라이터가 될 수 있고, 크리라이터를 하면 최고로 잘할 수 있는 최적의 조건을 필자 나름대로 다섯 가지라고 생각해 볼 수 있었다.

첫째는 최고의 크리라이터가 되기 위해서는 두 개 이상의 직업을 가지고 10년 이상 다양한 직업을 경험해 봐야 한다는 것이다.

필자가 존경하는 세계 최고의 미래학자 앨빈 토플러를 보면 이 사실을 잘 알 수 있다. 그는 뉴욕대학교 영문학과를 졸업한 학사이다. 이것의 그의 학위의 전부다. 세계적인 석학으로 추앙받는 석학의 학위로는 처량하기 그지없다. 하지만 사실이다. 그는 미국 중서부 지방에 있는 어떤 공장에서 5년 동안 노동자라는 직업을 가지고 일한 경험이 있다. 그러고 나서 기자 생활을 3년 정도 하고, 또 이어서 뉴욕으로 돌아와서 포춘Fortune지의 노동관계 칼럼니스트로도 일했다. 이렇게 일하면서 그는 다양한 분야의 책을 읽고 다양한 분야에 대한 글쓰기를 본격적으로 시작하여 위대한 미래 학자라는 명성을 얻게 되었다.

두 번째는 5개 이상의 분야에 대한 책을 저술한 경험을 가져야 한다. 크리라이터는 자신의 전공 분야에 대해 책을 아무리 많이 썼다고 해서 잘할 수 있는 분야가 아니다. 말 그대로 통합과 창조와 글쓰기라는 세 가지 개념이 잘 녹아 들어가야 하기 때문이다. 자신이 오랫동안 공부한 분야의 지식과 경험을 토대로 하여 그 분야와 관련된 책을 쓰는 것은 그렇게 어렵지 않다. 그리고 그렇게 쓰는 사람이 보편화된 세상이다. 이제는 누구나 자신의 경험과 지식을 토대로 하여 책을 쓰는 시대이기 때문이다. 그렇기 때문에 변혁의 시대에 좀 더 프로페셔널한 작가가 되기 위해서는 크리라이터가 되어야 한다. 크리라이터는 최소한 5개 이상의 분야에 일반인들의 수준을 뛰어 넘는 그런 수준의 책들을 출간한 작가들이어야 한다.

필자의 경우를 예로 들어 보자.

필자는 공대를 나온 공학도이다.

하지만 첫 번째로 경제 경영 분야의 책들을 출간했다.

삼성전자에서 11년 동안 휴대폰 연구원을 했고, 식스 시그마 전문가로 활동했다. 이런 경험을 토대로 하여 경제 경영 서적을 출간했다. 바로 〈삼성비전 2020〉, 〈왜 결국 삼성전자인가〉, 〈기아는 어떻게 위기를 극복했는가〉, 〈이건희 27법칙〉, 〈이건희 리더십〉과 같은 책이다. 뿐만 아니라 경제 분야에 대한 책인 〈부의 5가지 법칙〉이라는 책도 출간했다.

두 번째는 독서법에 대한 책을 출간했다.

3년 동안의 독서경험을 토대로 하여 〈48분 기적의 독서법〉이라는 책을 2011년에 출간했다. 이 책은 2012년 국립 중앙 도서관 이용자들이 1년 동안 가장 많이 빌려 읽은 책 TOP 10 안에 들었다. 하지만 필자로서 너무 많은 부족함과 아쉬움이 남았다. 그래서 3년 만에 좀 더 강력해진 두 번째 독서법 책인 〈초의식 독서법〉이라는 책을 출간했다. 그 후 꾸준히 〈퀀텀독서법〉, 〈초서독서법〉 등의 책을 출간했다. 곧 〈플랫폼 독서법〉이라는 독서법 결정판이 출간된다. 자기계발 분야 1위에 오르고, 10만 명이 열광한 〈퀀텀독서법〉도 전무후무한 혁명적인 독서법이지만, 곧 출간될 〈플랫폼 독서법〉은 한 단계 더 진화한 독서법을 다룬다.

세 번째는 인문학 분야에 대한 책이다.

'끝까지 공부할 수 있는 힘은 오로지 즐기는 것뿐이다'라고 주장하며 공부의 참된 기쁨을 발견할 수 있게 도와주는 책인 〈공부에 미친 사람들〉이란 책과 인문학 독서가 삶의 차이를 만들고 삶에 기적을 일으킬 수 있다고 주장하는 〈인생에 반전이 필요하다면 인문학 독서가 답이다〉, 조선 선비들의 평생 공부법에 대한 책인 〈숨겨진 0.1% 공부의 신들의 천재공부법〉이란 책을 출간했다.

네 번째는 과학 서적이다.

'뇌가 바뀌어야 인생이 바뀐다'라는 주제의 책인 〈브레인 이노베이션〉이라는 책을 출간했다. 그리고 e-book이지만 〈재미있고 기상천외한 뇌 이야기〉라는 책도 출간한 적이 있다.

다섯 번째는 인물 평전이다.

이건희라는 인물을 분석하고 평가한 책인 〈이건희 27 법칙〉이라는 책을 출간했다. 정직과 소통이 결여된 정치권에 경종을 울리는 리더인 안철수 전 교수에 대한 책인 〈안철수의 28 원칙〉이란 책도 출간했다.

여섯 번째는 대중문화에 대한 책이다.

한류 문화의 중심이 되어 한류 열풍의 가수가 된 월드 스타 가수 싸이의 인기 비결과 성공 스토리를 분석한 〈싸이 신드롬〉이라는 책을 출간했다.

일곱 번째는 대화법, 차별화에 대한 책도 출간했다.

대화법으로는 〈대화 속에 숨겨진 진실〉이라는 책을 출간했고, 차별화에 대한 책으로는 〈어떻게 차별화를 할 것인가〉라는 책을 출간했다.

여덟 번째는 자기계발 분야이다.

어떻게 보면 가장 큰 범주라고 할 수 있는 자기계발 서적들은 한두 권이 아니다. 〈성공과 행복의 7가지 법칙〉, 〈마흔 행복을 말하다〉, 〈내 인생 조금만 더 행복하길〉, 〈세상은 행동하는 자의 것이다〉, 〈뜨거워야 움직이고 미쳐야 내 것이 된다〉, 〈가슴 뛰는 성공 너만의 강점으로 승부하라〉, 〈성공이 목표일지라도 행복이 우선이다〉 등을 비롯해서 많은 책들이 출간되었다. 이뿐만 아니라 40대들에게 용기와 희망을 주었던 〈40대, 위대한 공부에 미쳐라〉도 좋은 평가를 받았다.

여기서 한 가지 짚고 넘어가야 할 것이 있다. 그렇다면 '이 책들의 수준이 어느 정도여야 하는가'라는 점이다. 필자는 이렇게 생각한다. 오랫동안 그 분야를 공부해 왔던 대가들의 수준을 뛰어넘는다는 것은 힘들고 어렵고 단시일 내에는 불가능하다고 생각한다. 그래서 세계적인 수준의 명작을 써야 한다는 것은 절대 아니다.

하지만 수준이 형편없다면 그것도 문제일 것이다. 오히려 없는 것이 이 세상에 더 도움이 되는 경우가 바로 그런 경우이기 때문이다. 하지만 필자가 볼 때 어떤 책이라도 그 책을 읽고 용기와 감동을 받고, 도움을 얻는 사람들이 한두 명은 있다는 것이다. 그래서 많은 사람들이 용기와 감동을 얻고 새로운 의식과 사고의 세계로 나아가는데 물꼬를 틀어주는 그런 책들, 혹은 새로운 생각의 단초가 되어주는 그런 책들이면 된다고 생각한다.

그런 책들이 되기 위해서는 그 책의 수준이 일반인들이 읽고 교훈을 얻거나 용기나 희망을 얻게 되는 정도의 수준, 즉 일반인들의 수준을 약간 뛰어넘는 정도의 수준이면 된다. 세계적인 석학들만이 쓸 수 있는 그런 세계적인 수준의 책이 아니어도 된다는 말이다. 그리고 무엇보다 앨빈 토플러나 피터 드러커와 같은 석학들조차도 처음부터 그렇게 수준 높은 걸작들을 쓴 것이 아니라는 점도 간과해서는 안 된다.

위대한 경영 구루인 세스 고딘도 역시 평범하고 평이한 수준의 책들을 많이 쓰다 보니까 결국 위대한 명작을 쓸 수 있게 되었다고 솔직하게 밝히기도 했다. 이렇게 위대한 경영 구루도 역시 시작은 볼품없었고, 과정은 볼 것이 없었다는 말이다.

세계적인 베스트셀러 작가이기도 하지만 본업은 마케팅 회사 CEO이면서 마케팅 혁명가인 세스 고딘은 세계적인 경영 구루 중 한 명이다. 그는 작가로서 명성도 날리고 있다. 그는 세계적인 베스트셀러 작품인 〈보랏빛 소가 온다〉를 쓰기도 했다. 그래서 우리는 그가 이 분야에 처음부터 소질과 재능이 남다를 것이었다고 지레짐작할 수 있다. 하지만 그것은 큰 오산이다.

세스고딘의 저작 중 하나인 〈린치핀〉을 보면 이러한 사실에 대해 진실을 알게 된다.

"예술가들은 현실과 비현실의 경계에서 사고한다. 그곳에서 예술이 만들어지기 때문이다. 그곳에 청중이 있고 생산 수단이 있다. 또한 충격을 만들어낼 수 있다.

어떤 일을 마무리했다고 그것이 곧 걸작이 되는 건 아니다. 하지만 모든 걸작은 마무리가 완벽하다. 나는 책을 100권 이상 만들어냈다. 물론 모든 책이 잘나가지는 않았다. 하지만 그 책들을 쓰지 않았다면 나는 이 책을 쓸 기회를 갖지 못

했을 것이다. 피카소는 1,000점 이상의 그림을 그렸다. 그러기에 사람들은 피

카소의 그림을 3개 이상 알고 있다.

앞으로 이야기하겠지만, 우리 사회에서 가장 부족한 것은 생산하고자 하는 본

능이다. 해법을 창조하면 문밖으로 내보내야 한다. 안으로는 인간적인 면을 감

동시켜야 하고 바깥으로는 사람들의 관계를 맺어주어야 한다."

< 세스 고딘, [린치핀], 153~154쪽 >

그의 이 말에서 우리는 그가 백 권 이상의 주목받지 못한 책들을 썼
으므로, 결국 세계적인 베스트셀러가 된 책을 쓸 수 있게 되는 기회를
가지게 되었다는 사실을 목격할 수 있다.

그렇기 때문에 실패에 대한 두려움을 가지지 말고 책을 쓰는 것이 필
요하고 중요하다. 평이한 수준의 책들을 한 권도 쓰지 않고 처음부터
수준 높은 책들만을 쓰고자 하는 것은 과욕이다. 그것은 초보자가 처
음부터 세계 최고의 작품을 쓰고자 욕심을 내는 것과 다르지 않다.

세 번째 조건은 10개 이상의 분야에 대한 책들을 각 분야별로 100권
이상의 책들을 두루 섭렵하고 읽고 그 분야의 전문가들에 못지않은 수
준으로 폭 넓은 지식을 가져야 한다는 것이다.

즉, 10개 이상의 분야를 대상으로 각 분야에서 100권 이상의 책들을
읽으면 결국 1,000권 이상의 책들을 두루 섭렵해야 한다는 말일 것이
다. 누구나가 인정하는 것 중에 하나가 어떤 분야에 대한 책들을 100

권 정도 읽고 그 내용을 충분히 숙지하게 되면 그 분야의 전문가가 될 수 있다는 말일 것이다.

자신이 독서법에 대해서 전문가가 되고자 하는 사람이 있다면, 시중에 출간되어 나와 있는 책들 중에서 독서법과 관련된 책들을 시대와 장소를 뛰어넘어 폭 넓게 100권 정도의 책을 읽고 그 내용들을 자신의 것으로 소화시켜 자신의 것으로 만든다면 그 사람은 독서법 전문가에 준하는 그런 지식과 의식을 갖춘 사람으로 성장하고 발전하게 된다는 것이다.

사마천의 〈사기〉와 관련한 책 100권을 반복해서 읽고 숙지한다면 그 사람은 사마천에 대한 전문가라고 할 수 있을 정도의 지식과 의식을 갖추게 된다. 보통 사람들이 전문가로 도약하지 못하는 가장 큰 이유가 그 분야의 책들을 10권도 채 읽지 않고, 제대로 숙지하지도 않기 때문인 것이다.

피터 드러커가 현대 경영학의 창시자가 될 수 있었던 것은 3년을 주기로 하여 다양한 주제에 대해 독학을 통한 공부, 즉 다독을 통한 공부를 했기 때문이다.

이런 이유에서 10개 이상의 분야에 대해 각 분야별로 100권 이상의 책을 섭렵하고 숙지하게 되어야 비로소 물통에 물이 다 차면 저절로 흘러넘쳐 좋은 생각들과 아이디어가 흘러넘치게 되는 것과 다를 바 없는 것이다.

대한민국 최초의 크리라이터?
= 세계 최초의 크리라이터

대한민국 최초의 크리라이터가 되면 그것은 곧 세계 최초의 크리라이터인가?

그렇다. 그렇다고 할 수 있다. 지금까지 이런 개념의 작가, 전업 작가는 없었기 때문이다. 다시 말해 이전의 어떤 작가도 이런 부류의 작가는 아니었다. 가령 소설가나 시인은 문학 작가로서 말 그대로 소설을 쓰는 것이 주된 일이었다.

물론 소설가 중에서 자기계발서를 쓰는 작가도 없지는 않다. 아니 오히려 많아졌다고 할 수 있지만 그것은 어디까지나 자기계발서이기 때문에 가능하다. 그런 점에서 자기계발서는 가장 보편화된 일반적인 글쓰기의 주제가 되어 버렸다.

다시 말해 그냥 모든 이들이 쉽게 도전할 수 있는 가장 만만한 주제가 되어 버렸다고 말해도 과언이 아닐 정도이다. 이것이 사실이다. 그래서 자기계발서가 그렇게 많이 범람하고 있는 것이라고 말해도 된다.

그렇게 자기계발서가 범람하게 된 이유 중에 하나는 자기계발 작가가 되기 위해서는 그 어떤 전문적인 지식이나 폭넓은 지식이나 어떤 분야에 대한 경험도 필요하지 않기 때문에 누구나 쉽게 도전할 수 있는 분야이기 때문이다.

가령 IT 분야에 대한 책을 쓰기 위해서는 최소한 IT 분야의 경력을 가지고 있어야 하고, IT 분야에 대한 지식도 가지고 있어야 한다. 그래서 IT 분야의 책들이 상대적으로 자기계발서 분야의 책들보다 훨씬 더 적은 것이라고 할 수 있다. 경영학에 대한 책을 쓰기 위해서는 최소한 경영학에 대한 지식을 갖추고 있어야 한다. 그렇기 때문에 경영학에 대한 책이 상대적으로 적은 것이다. 하지만 크리라이터는 지금까지 한 명도 없다. 다작가들은 인류 역사상 적지 않다. 한국에도 보면 많다. 다산 정약용 선생이 18년 동안의 유배 생활을 통해 500여 권의 책을 출간을 하셨고, 혜강 최한기 선생은 1,000여 권의 책을 집필하셨다.

현대 작가들 중에서도 100권의 책을 넘게 출간한 작가들은 국내외 작가들을 다 따지면 굉장히 많다. 하지만 크리라이터처럼 다양한 분야를 넘나들면서 다양한 주제로 통합적인 글쓰기를 했던 작가들은 거의 찾아보기 힘들다.

그리고 필자가 이 책을 통해 처음으로 제시했던 크리라이터의 최적의 3가지 조건에 부합하는 작가는 단 한 명도 없다. 비슷한 작가들은 전 세계적으로 볼 때 한 두 명이 있다고 생각할 수는 있지만, 필자가 제시하고 있는 크리라이터의 세 가지 조건에 정확하게 부합하는 작가는 아쉽게도 단 한 명도 없다. 그리고 자신이 크리라이터라는 생각을 하면서, 그런 직업적 의식을 가진 채 작가의 생활을 하고 있는 사람은 단 한 명도 없다. 중요한 것은 능력의 문제가 아니라 의식의 문제이기 때문이다. 새로운 직업에 대한 개척 정신과 모험 정신을 바탕으로 하여 도전하고 실천해 나가는 것과 그냥 글을 쓰면서 경제적 생활을 영위해 나가는 것은 근본적으로 다를 수 있다. 민주주의가 무엇인지 개념을 확립한 후 민주주의 사회를 만들어 나가는 것과 그런 개념이 확립되고 인식되기도 전에 그저 자유롭게 살아가는 사회는 전혀 다를 수 있기 때문이다. 자기계발 작가라는 개념은 서양에서 시작되어 한국에 들어왔다. 하지만 크리라이터라는 새로운 직업의 개념은 이제 한국에서 시작했고, 그로 인해 한국인이 최초의 크리라이터라고 할 수 있다.

크리라이터는 글쓰기의 미래형 혁신가다

혁신이라는 것이 있다면 바로 크리라이터가 아닐까?

크리라이터는 글쓰기의 혁신가라고 나는 생각한다. 지금까지의 글쓰기 작가는 그야말로 각 시대에 맞는 그런 글쓰기 작가들이었다고 생각할 수 있다. 미국이란 국가가 만들어지면서 미국에서 가장 성행했던 것이 과거에는 존재하지 않았던 자기계발 작가들의 출현이었다.

물론 영국이나 일본에서도 그런 작가들이 출현하였고, 조금 늦은 감이 있었지만 한국에서도 충분히 많은 훌륭한 자기계발 작가들이 출현하여 한 시대를 풍미했고, 지금 이 순간에도 활발하게 활동하고 있다.

하지만 더 이상 자기계발 작가라는 직업은 참신하고 새롭고 기발한 새로운 직업이 아니다. 이제 정말 누구나 도전할 수 있는 그렇게 잘 알려지고 오래된 직업 중에 하나, 보편화된 직업 중에 하나로 충분히 자리매김해 버렸다는 점이다. 그래서 그 어떤 혁신가들이 아니더라도 충분히 자기계발 작가가 될 수 있고 실제로 그렇다. 여기에 어떤 기업의 성공한 경영자들이나 교수들이나 성공한 유명 배우들이나 인기 스타들이나 성공한 스포츠 스타들은 모두 자기계발 서적을 한두 권씩 출간해 버리는 것이 추세가 되어 버렸다. 자기계발서를 쓴다는 것이 더 이상 전문 작가들만의 고유한 직업 세계가 아니다. 심지어 일반 독자들도 충분히 자신의 일을 하면서도 동시에 자신의 경험이나 지식을 토대로 하여 한두 권의 자기계발서를 집필하고 출간하는 그런 독자들이 한두 명씩 생기기 시작하고 있다는 것이다.

즉 프로슈머prosumer라는 말이 이제 출판계와 책의 세계, 작가들의 세계에도 현실이 되어 가고 있다. 앨빈 토플러가 자신의 저서인 〈제3의 물결〉에서 최초로 주장한 생산자producer와 소비자consumer를 합성한 용어가 바로 프로슈머이다.

그런데 이제 이러한 프로슈머라는 개념이 출판계에 확실하게 뿌리를 내리고 있는 것이다. 수동적인 소비자였던 독자들이 서평을 통해 책의 수준을 평가하고 자신들이 읽고 싶은 그런 책을 당당하게 능동적으로 요구하기 시작했고, 심지어는 소비자였던 독자들이 책을 출간하는 생산자, 작가가 되어 활동하기 시작했다는 것이다.

이제 시대가 이렇게 빠르게 변화되고 있기 때문에 글쓰기를 통해 밥을 먹고 사는 전업 작가들에게는 시대의 빠른 변화와 흐름을 쫓아가야 할 필요가 생겼다. 혁신하지 않으면 전업 작가들의 그 자리가 위태로워진다고 할 수 있다.

그런 점에서 크리라이터는 새로운 유형의 전문적인 직업 세계라고 할 수 있다. 동시에 글쓰기의 혁신가라고 할 수 있다. 다양한 분야에 대한 책을 전문적으로 읽어야 하고, 다양한 분야에 대해 책을 출간해야 하기 때문이다. 일반 독자들이 감히 할 수 없는 그런 경지와 수준과 시간과 노력과 기술이 필요한 전문 직업 중에 직업이 바로 크리라이터의 세계라고 할 수 있기 때문이다.

해병들에게는 그들만의 남다른 의식이 있다. 그러한 특별한 의식이 바로 이런 유명한 문장에서 비롯되었다고 해도 과언이 아닐 것이다.

"누구나 해병이 될 수 있다면 나는 결코 해병이 되지 않았을 것이다."

이 말처럼 크리라이터는 바로 그런 것이다. 누구나 자기계발 작가는 쉽게(?) 될 수 있다. 실제로 어느 정도 성공한 사람들은 다 한 두 권의 책을 출간한다. 그런데 그런 책들이 대부분 자기계발서이다.

하지만 크리라이터는 누구나 될 수는 없다. 해병이 그런 것처럼 말이다. 해병이 될 수 있는 사람은 정신적으로도 강해야 하고, 육체적으로도 강해야 한다. 그것처럼 크리라이터가 되기 위해서는 다양한 분야의 책들을 수백 권씩 이상 읽어야 하고, 다양한 직업을 경험해야 하고, 다양한 분야의 책들을, 최소 5개 이상의 분야에 대한 책을 한 권 이상 집필한 작가여야 크리라이터라고 할 수 있다.

크리라이터는 대학 졸업장이
만들어 주지 않는다

크리라이터는 아무리 좋은 대학을 좋은 성적으로 졸업을 한다 해도 될 수 있는 것은 아니다. 일반적인 작가는 세계적으로 좋은 대학을 나오게 되면, 화려한 학벌이라는 배경 때문에 책을 쓰고 출간하는 것이 어렵지 않다.

세계적인 명문대학교의 졸업장을 가진 사람뿐만 아니라 자신의 분야에서 큰 성공을 거둔 사람들은 한 두 권의 책을 쓰고 출간하는 것이 어렵지 않다. 특히 인기 있는 유명 연예인이나 인기 스포츠 선수들은 더욱더 그렇다. 하지만 크리라이터는 일반적인 직업을 가진 사람들이 절대로 도전할 수 없는 전문직종인 새로운 직업의 세계라고 할 수 있다.

그런 점에서 야심만만한 사람들은 도전해 볼 만한 직업 세계라고 할 수 있다. 무엇보다 아무나 할 수 없기 때문에 도전해 볼 만한 가치가 있다고 할 수 있다. 더불어 다양한 분야의 책들을 각 분야 별로 100권 이상을 읽어야 그 분야에 대해서 책을 쓸 수 있을 정도의 지식과 의식을 갖출 수 있게 된다. 여기서 중요한 것은 지식이 아니라 의식이다.

그 분야의 전문가들은 그 분야에 대해서 오랫동안 공부를 하고 평생 살아온 사람인 경우가 적지 않다. 그래서 그런 전문가들은 깊은 지식을 토대로 일반인들에게 양질의 지식을 전달해 주고 소개해 준다. 하지만 이 세상 모든 일에는 장단점이 있는 법이다. 동전에 양면이 있는 것처럼 말이다. 그 분야에 깊은 지식을 가지고 있는 전문가들은 세상을 바라보는 시야가 그 분야라는 색안경을 끼고 있다는 것이다.

이 세상의 모든 일을 자신의 전문분야와 결부시켜서 해석하고 이해하고 바라볼 수밖에 없다는 것이다. 이것이 또 다른 하나의 직업병이라고도 할 수 있다. 뿐만 아니라 어떤 일에 대한 해석, 어떤 책을 쓴다 해도 그 모든 것이 자신의 전문지식을 토대로 하여 만들어진다는 것이다.

창조란 서로 다른, 그것도 전혀 다른 분야의 다양한 생각들과 견해들이 만나서 교차하고 섞이고 엮이고 통합되면서 만들어진다고 필자는 생각한다. 그렇기 때문에 한두 가지 분야의 전문 지식만을 가지고 있는 전문가들보다는 다양한 분야를 두루두루 넓게 알고 있어서 다양한 분야의 견해와 폭 넓은 시야를 가지고 있는 T자형 인재들이 더 창조적이고 더 일도 잘 한다고 생각한다.

작가의 세계도 이러한 원리가 그대로 적용이 된다는 것이다. 그래서 다양한 분야의 지식을 넓게 가지고 있는 사람이 한 분야의 지식을 깊게 가지고 있는 사람보다 훨씬 더 유연하고 풍부한 책들을 쓸 수 있게 된다는 것이 필자의 지론인 것이다. 뿐만 아니라 이 책에서 필자가 말하고 있는 새로운 직업인 크리에이터는 작가로서도 가장 전문적인 작가라고 할 수 있을 것이다. 그것은 무엇보다 대학교에서 어떤 분야를 전공하여 박사 학위를 획득하고, 그 분야의 전문 지식을 아무리 많이 가지고 있다고 해도 바로 가능한 직업이 아니기 때문이다.

최소한 2가지 이상의 직업을 가져서 5년에서 10년 정도의 직업적인 경험을 해야 한다. 경험이 없이 이론에만 치우친 이론은 위험할 수 있기 때문이다.

필자는 셰익스피어의 글들이 우수한 이유로 셰익스피어가 생계를 위해서 할 수밖에 없었던 다양한 일들과 직업적 경험들, 심지어 막노동을 포함한 밑바닥 인생의 힘든 경험들 때문이었다고 생각한다.

뿐만 아니라 크리라이터가 되기 위해서는 최소한 5개 이상의 분야에서 책을 한 권 이상 출간해야 한다. 이것은 아무리 우수한 대학교의 졸업장을 가지고 있다고 해도 노력 없이는 가능하지 않다. 스스로 독학을 하면서 공부를 해야 하기 때문이다. 또한 크리라이터는 10개 이상의 분야에 대해 최소 100권 이상의 책들을 섭렵하여 폭넓게 지식을 가지고 있어야 한다. 그렇게 할 때 통섭적이고 창조적인 글쓰기가 가능하기 때문이다.

크리라이터는 미래형 창조적 직업이다

필자는 이 책을 읽는 독자들에게 이렇게 말해 주고 싶다.

"시대가 바뀌었다. 과거의 직업의 틀 속에 자신을 가두기보다는 자신에게 가장 어울리는 새로운 직업을 창조하고 혁신하라. 그것이 당신이 성공하고 비범한 인생을 살고 탁월해지는 길이다."

그리고 이 말은 앞으로 더욱더 필요한 말이라고 말하고 싶다. 직업이란 결국 시대의 변화에 따라 바뀌게 되어 있다. 그것을 미리 깨닫고 미래를 예측하고 준비하는 자들이 결국 미래를 이끌어 가는 인물이 되는 것이다. 하지만 미래를 예측하고 준비하는 자들보다 더 성공적인 미래를 준비하는 자는 미래를 창조하고 혁신하고 개척해 나가는 자들이라고 할 수 있다.

그런 점에서 크리라이터라는 직업은 새롭게 만들고 개척해 나가는 직업이며 새로운 스타일의 새로운 전문 직업이라고 말할 수 있다. 그런데 크리에이터는 대학교 교육을 통해 만들어지고 주어지는 그런 기존의 전문가가 아니라, 스스로의 공부를 통해 스스로 만들어가고 스스로에게 부여하는 미래형 학위이고 미래형 자격증이라고 할 수 있다.

서로 연관이 없는 5개 이상의 다른 분야에서 각각 1권 이상의 책을 출간하고, 2개 이상의 직업을 5년 이상 다닌 경험이 있거나 1개 이상의 직업을 10년 이상 다닌 경험이 있고, 10개 이상의 분야에서 각 분야의 책을 100권 이상씩 섭렵한 사람은 스스로에게 크리라이터라는 자격증을 줄 수 있다.

이것은 눈에 보이는 자격증이나 학위는 아니다. 하지만 자기 자신이 알고 있기에 자기 자신이 크리라이터라는 직업에 어울리는 자격을 갖춘 사람인지, 아직은 조금 더 노력해야 하는 사람인지를 스스로 평가할 수 있다.

프로그래머란 직업도 사실상 100년 전에는 존재하지 않았던 직업이다. 하지만 지금 프로그래머라는 직업을 가진 사람들이 적지 않다.

크리라이터라는 직업은 빠르게 변화하고 있는 이 시대에 걸맞은 미래형 직업이라고 할 수 있다. 과거에는 한 가지 전문 지식을 가지고, 그것을 토대로 전문가가 되면 평생을 먹고살 수 있는 그런 시대였다. 하지만 미래에는 한 가지 전문지식을 아무리 깊게 가지고 있고, 그것을 토대로 전문 직종의 자격증을 획득하여 전문가가 된다고 해도 그것이 평생을 먹고살 수 있는 보증수표가 되지 않는 시대이다.

과거에는 유명 대학교의 박사 학위만 있으면 무엇을 해도 할 수 있었고, 먹고 살 수 있었지만 지금은 박사 학위가 갈수록 그 위상과 힘이 약해져 가고 있다. 그런 점에서 미래는 평생 교육의 시대라고 할 수 있다. 어떤 대학을 졸업하고, 어떤 학과의 졸업장을 가지고 있느냐가 갈수록 덜 중요해지고 있다는 것이다. 반면에 혼자서 스스로 어떤 공부를 하고, 얼마나 많이, 오랫동안 하느냐에 따라 그 사람의 인생이 달라지고 그 사람의 영향력과 실력이 달라지고 있다.

지금 직장인들이나 사회인들이 인맥 관리와 경력 관리를 하는 것처럼 이제부터는 공부 관리를 해야 한다. 스스로 공부를 한 만큼 결국 인생이 달라지기 때문이다. 그런 점에서 크리라이터는 미래형 직업이라고 할 수 있다.

그것은 크리라이터만큼 스스로 하는 공부를 많이 요구하는 직업도 없기 때문이다. 많은 분야에 대해서 책을 통해 스스로 공부해야만 하는 새로운 직업의 세계이기 때문에 평생 교육의 시대라는 말에 어울리는 그런 새로운 미래형 직업이라고 말할 수 있다.

크리라이터라는 직업은 한마디로 진정한 예술가다운 예술가를 만드는 그런 직업이라는 특성도 가지고 있다. 앞으로 미래는 좀 더 감성과 창조성이 중요시되고 각광을 받게 되는 그런 예술의 시대이기도 하기 때문이다.

혜화동 한옥 유진하우스 이야기가
출간 즉시 베스트셀러가 되다!

_김영연 작가님 (김병완 칼리지 책 쓰기 수업 수강생)

#나는 혜화동 한옥에서 세계 여행, 김병완 칼리지에서 인생 여행한다

나이가 들어가니 내 생각이 더 굳어 가고, 남의 말을 잘 듣지 않는 사람이 되어 갔다.

어느 날, 그 어떤 이야기를 해도 믿고 싶은 친한 동생에게 카톡이 왔다. 언니 "유진하우스 이야기 책 낸다고 하더니 어떻게 하고 있어?"라고. 김병완 작가라는 분이 계시는데 책 내는 일을 제대로 도와줄 수 있을 것 같으니 같이 특강이라도 들으러 가자고 했다.

나는 자세히 알아보기도 전에 "내가 요즘 좀 바쁘다. 그런데 그 먼 강남까지 어떻게 가서 특강을 듣노?", "내가 이제 건방져져서 누구 말을 듣나?", "책 쓸려고 하면 내가 정신 차리고 써야지, 남의 말을 듣는다고 책이 써지겠나?"라고 일단 안 갈 이유부터 실컷 나열했다. 그렇게 말하는 나를 보고 사실 놀랐다. '어, 내가 이런 사람이 아니었는데…' 이제 나이도 들어가고, 주변에 힘든 일이 일어나 1년 이상을 그 일에 골몰하며 살았더니 내가 아닌 사람이 되어 있었다. 멘탈이 붕괴된 상태였다. 그제야 '내가 왜 이러고 있노?' 싶었다. 그래서 얼른 마음을 고쳐먹었다. "네가 이야기하는 거니 보내 준 동영상은 볼게"라고 말하고 나를 점검이라도 할까 싶어서 당장 동영상을 보았다.

"**아, 우리 당장 등록해서 특강 들으러 가자!"
특강을 듣고 난 후, 나는 "우리 7주간 책 쓰기 수업 당장 듣자!"라고 말했다. 그다음 날 시작되는 책 쓰기 학교에 바로 등록했다.

나는 무슨 일이든 마음에 와닿으면 바로 행동하며 살아온 편이다. 그래서 나를 오랫동안 보아온 일본 선생님은 내가 행동이 빠른 사람行動の루い人이라는 것을 너무 잘 안다. 그래서 내게 무슨 이야기를 할 때는 내가 행동할 것까지 감안해서 말한다. 그렇지 않으면 내가 나를 힘들게 하면서 산다고 생각해서인지 내 행동을 좀 늦추어 주신다. 주변에서는 나에게 돌다리 건너기 전에 좀 두드려 보는 자세를 가져야 한다고 많이 조언한다. 요즘은 힘도 달려서 자연스럽게 무슨 일을 시작할 때 예전처

럼 덥석 일부터 벌이지는 못한다. 엉거주춤 머뭇거리는 사람으로 변해 갔던 것이다. 그런데 책 쓰기 수업은 "그냥 하자!"로 앞뒤 살필 새도 없이 정했다. 갑자기 뭔가 할일이 생겼고, 조금의 자신감이 생겼다.

'이 수업을 들으면 책이 나온다고?'라는 생각보다는 나를 다시 돌아보고, 나를 다시 일으켜 세울 수 있겠다는 작은 믿음이 생겼다. '새로운 것, 새롭게 시작하는 일에 엄두도 못 내는 나이라고?' 아니다.

의기소침해 있을 게 아니라 이제라도 또다시 결과를 만들어 내는 일에 도전해야 했다. 저절로 팔이 걷어붙여졌다.

그렇게 7주간의 책 쓰기 수업이 시작되었다. 속으로 놀라는 일이 한두 가지가 아니었다. 무엇보다 김병완 작가는 결과를 만들어 내는 사람이었다. 삼성에서 11년 동안 그냥 일했겠나? 그리고 500여 명의 작가를 그냥 배출했겠나? 100여 권의 책을 그냥 썼겠나? 가정의 생계를 버리고 도서관에서 3년 동안 만 권의 책을 그냥 읽었겠나? 이런 결과를 만들어 내는 사람을 한 사람 알아 두는 것만 해도 큰 재산이겠구나! 이제 50대 중반에 들어서니 육신적으로 에너지도 달리고, 삶의 목표도 없어져 가는 삶인데, 책 쓰기 수업을 통해서 이분한테만 잘 배워도 남은 인생을 잘 살아가겠지!라는 큰 믿음이 생겼다. 책이 만들어져 나오는 것은 두 번째로 밀어 두고, 김병완 작가가 가진 것들을 내 것으로 만드는 것에 더 관심을 두었다. 목표를 정해서 꾸준히 하기, 한 우물 파기, 가르쳐 주는 대로 잘 따라가기 등등….

첫 수업부터 나는 무릎을 쳤다. 어떤 책을 쓰고 싶은지 주제를 생각하고, 책 이름을 짓는 일을 시작했다. 지금 독자들이 관심 있어 하는 트렌드는 무엇일까? 내가 쓰고 싶은 이야기의 주제는 무엇으로 해야 하나? 이 둘이 조화를 이룰 수 있을까? 주제를 생각하고, 제목을 정하는 일은 쉽지 않았다. '독자라면 어떤 제목을 고르겠나?'라고 독자의 관점에 대한 이야기도 해주셨다. 내가 쓴 제목들은 내 관점이었다. '독자의 관점에서 책 보기'를 시작해야 했다.

〈나는 혜화동 한옥에서 세계 여행한다〉의 제목을 짓는 일, 목차를 정하는 일은 나 스스로 할 수 없는 일이었다. 구슬을 가득 펼쳐 놓고, 어떻게 끼워가야 하는지 막막했다. 김병완 작가는 매의 눈으로 정확하게 포인트를 파악해서 딱 끄집어내는 족집게의 실력을 갖추고 있었다. 어떻게 저렇게 풀어낼 수 있을까? 깜짝깜짝 놀랐다. 그냥 500여 명의 작가를 배출한 게 아니었다. 한 사람 한 사람을 지도해 오면서 쌓아 온 노하우를 아낌없이 풀어놓았다. 작가들을 지도해 오면서 부족한 부분은 계속 수정하고, 업그레이드해 온 결과를 수업시간 중에 다 공개하면서 우리가 책 쓰는 일에 최선을 다해 주셨다. 그 시간들이 아주 귀하게 여겨졌고, 매 시간마다 우둔한 생각이 조금씩 깨어나고, 눈이 조금씩 뜨여졌다. 세계 유수 대학들에서 가르치는 그 어떤 책 쓰기 방법이나 프로그램들과 견주어도 손색이 없을 정도였다. 이제까지 나온 책 쓰기 책들을 총망라한 요점을 다 접목시킨 것보다 한 단계 더 높은 차원이었다. 제대로만 잘 따라가면 되겠구나! 세계의 어디를 가도 이런 수업을 받을 수가 없겠구나!

수업을 같이 듣는 팀원 책의 제목 짓기부터 모든 수업 과정을 거치면서 우리는 서서히 독자의 관점을 익혀 가는 법을 조금씩 배우기 시작했다. 우리 팀은 3명으로 우리 팀의 이름은 '히말라야팀'이라고 지었다. 자기 소개를 하는 시간에 〈나는 1인 글로벌 기업으로 500억을 벌었다〉의 로니 박 작가께 히말라야를 오른 이야기를 들었다. 책을 쓰는 데 정기를 받고 싶은 욕심에 '히말라야팀'이라고 정하고 스스로를 격려했다. 우리 팀원 자신의 책 쓰기도 중요했지만, 서로의 책 쓰기를 살피면서 서로를 더 잘 알아가게 되었다. 책 쓰기 수업을 마치고 나니 우리는 어느새 돈독한 동지애를 가진 사람들이 되었다. 서로의 필요를 잘 채워 주면서 자신이 가진 장점을 아낌없이 나누어 주는 사이가 되었다. 자주 만나면서 평생 좋은 친구로 관계가 남아 이어지고 있다. 얼마나 큰 재산인지 모른다. 나이 들어 가면서 친구를 새롭게 만들어 가는 일이 쉽지 않은데, 좋은 친구들이 생겼다.

7주간의 수업이 끝난 뒤, 나는 출판사와 계약을 해서 책 출간을 하게 되었다. 처음 책을 내는 일이라 책 한 권만 나와도 좋겠다 싶어서 계약 조건이나 다른 것들은 거의 신경 쓰지 않았다. 출판사 사정들도 어려운데 초보인 내 책을 내준다는 것만으로 감지덕지했다. 그렇게 〈나는 혜화동 한옥에서 세계 여행한다〉, '게스트하우스 주인장의 안방에서 즐기는 세계 여행 스토리'라는 부제를 달고 책이 세상에 나왔다. 10년 동안 한옥게스트하우스를 운영한 이야기, 세계 각국에서 온 사람들과 삶을 나눈 이야기를 담았다. 작가인 나의 나이와 한옥이라는 공간 때문에 자칫 잘못하면 올드한 느낌이 날까 싶어 책이 좀 젊은 감각으로 만들어지기를 바랐다. 남녀노소 누구나 좋아하는 책으로 만들어지면 좋겠다고 생각했다. 이담북스에서 최근 만든 책들을 보니 내 책도 세련되고 감각 있는 책으로 만들어 줄 듯해서 다 맡겨 버렸다. 편집자와 호흡을 맞추어 가다 보니 6월 1일 책이 드디어 세상에 나왔다. 나오자마자 지인들과 김병완 칼리지 작가모임에서 적극 응원해 준 결과 베스트셀러에도 올랐다. 글 쓰는 일부터 책 출간의 초보인 내가 혼자 그냥 할 수 있는 일이 아니었다. 모두가 내 일처럼 기쁘게 여기면서 응원해 준 결과였다. 특히 김병완 작가는 자신의 책보다 더 좋아하면서 직접 홍보에도 나서 주셨다.

김병완 작가님께서 끊임없이 연구한 좋은 프로그램으로 책 쓰기 수업을 잘 진행해 주신 점에 무엇보다 감사하다. 우리를 항상 격려해 주셨고, 우리의 부족함을 풍부한 지혜로움으로 채워 주셨다. 혼자 한다면 '내 책을 누가 읽어 주겠나?' 싶은 마음부터 들어서 하는 도중에라도 포기하기도 쉬운 일이다. 김병완 작가님은 처음 책을 쓰는데 너무 좋은 책을 내려는 욕심부터 버리라고 했다. 초보가 어찌 고수처럼 잘 쓸 수 있겠나? 수업을 들으면서 책을 만들어 가는 과정이 즐거웠다. 물론 한 과정 한 과정이 벅찬 일이기는 했지만, 힘들기는 해도 재미있었다. 세상을 살아오다기 이쯤 되니, 조금은 용기를 잃고 의기소침해져 가고 있었다. 그런데 책 쓰기 수업은 그런 나를 자꾸 일으켜 주었다.

그렇게 나도 모르는 새에 예전의 뭐든 하고 싶어 하던 열정이 생겨나기 시작했다. 오랜만에 전화통화를 하거나 만난 친구들이 예전의 나로 돌아왔다고 말해 주었다. "책 쓰기 수업을 듣다 보니 그렇게 되네"라는 말이 나왔다. 나의 변화를 보고, 나도 놀라고 주변에서도 관심을 조금씩 보여 주기 시작했다. 수업을 듣기 시작하면서부터 나는 어느새 주변 사람들에게 같이 책을 쓰자고 말하는 책 쓰기 전도사가 되어 버렸다. 무엇보다 "김병완 칼리지에 가면, 저절로 책이 써진다", "출간까지 할 수 있는 노하우는 물론 평생 책을 쓸 수 있다", "책을 쓰자! 혼자 쓰는 것은 어려우니 김병완 칼리지에 가서 도움을 받아라!"라는 이야기를 하고 있었다. 김병완 칼리지에서 들은 책 쓰기 수업이 가장 귀했던 만큼 우선 딸아이 먼저 당장 수업을 듣도록 했다. 조카들과 동생들 그리고 준비된 작가인 친구들에게도 소문을 냈다.

책 쓰는 일은 단순히 글을 써서 책을 만드는 일만이 아니다. 누구에게나 꼭 필요한 일로 좋은 결과를 주는 일이다. 내가 계속 성장하고, 내 멘탈이 강해지는 일이다. 우리는 모두 치열한 경쟁시대에 앞날에 대한 불안을 안고 살아간다. 젊은이들에게는 조금이라도 젊을 때에 책 쓰는 일에 관심을 가지라고 말해 준다. 우리 집에 온 외국인 청년들에게도 책을 쓰자고 독려한다. 외국 학교에서는 글쓰기와 책 내는 일을 우리보다 더 체계적으로 잘 배운 것 같았다. 그렇지만 정작 자신의 책을 내는 일에 대해서는 생각해 보지 않은 사람이 많았다. 반면, 한국 청년들은 책을 쓰자고 하면 쓸 게 없다고 말한다. 나는 지금 다른 스펙을 쌓느라 돈과 시간을 낭비하지 말고, 책 쓰기 수업에 참여하라고 진심으로 권한다. 꼭 책을 쓰라는 것이 아니라 자신을 점검하고, 계속 성장해 가는 인생을 살아가기 위해서는 이보다 더한 일이 없다는 생각이 들기 때문이다. 대학을 다닌 일보다 어떤 면에서는 더 중요한 것을 배우게 된다고 감히 이야기한다. 나이가 든 사람에게도 이제까지 살아온 삶을 정리하고 남은 인생을 어떻게 살아가야 할지에 대한 막연한 불안감을 떨치기 위한 방법으로 글쓰기를 권유한다. 글을 쓰다 보면 멘탈이 강해져서 남은 인생이 두렵지 않다고 말해 왔는데, 알아듣는 사람이 많지 않아 안타까웠다. 이제는 내 책이 한 권이라도 나왔으니 내 말에 조금 설득력이 생기고 있다. 더 많은 사람에게 알리고, 권유하고 싶어서 주변 사람들을 귀찮게 한다. 제발 책 좀 쓰자고!

프랑스에서는 책을 쓰지 않으면 장관을 할 수 없다는 이야기를 들었다. 책 한 권 쓰는 일이 그만큼 귀한 일이라는 것을 잘 말해 준다. 책을 쓰고 났더니 책이 알아서 하는 일이 많다. 내 입으로 나를 자랑할 필요가 없다. 책이 나를 세계의 많은 사람들에게 알려 준다. 내가 책 속에서 밝히지 못한 것까지 감정이입해서 해석한다. 다양한 방법으로 나를, 책을 포장해 준다. 조금 늦었다면 늦은 나이에 책을 썼더니 둘째를 노산으로 낳았다고 모두들 마음껏 격려해 준다. 책이 효도해 주는 일들이 많아지고 있다.

　우리에게 1년에 1권 이상 책을 쓰라고 말하는 김병완 작가의 격려는 그냥 들을 일이 아니다. 계속 성장해 가는 사람들로 살아가고, 남은 인생을 조금이라도 더 의미 있게 살아가라는 채찍이다. 달갑고 고마운 그 이야기를 따라서 나도 그렇게 살기 위한 다음 책을 구상하고 있다. 평생을 책 쓰는 사람이 되겠다고 마음을 고쳐먹었다. 책을 쓰는 일은 특별한 사람이 하는 일이라 생각했는데, 누구나 책을 쓸 수 있고, 쓰는 시대이다. 책 쓰기는 "전달과 소통"이라는 말에 위로와 용기를 받는다. 책을 쓸 수 없다는 생각, 내 마음을 고쳐먹는 일부터 시작하면 된다. 책 쓰는 일에서 나를 가로막는 것은 나 자신이라는 것을 알고, 그 틀을 훌쩍 벗어던져야 한다. 처음 시작하는 것은 무엇이나 어렵다. 나 같은 사람에게도 어려움이 물론 있었지만 시작하고 났더니, 책이 나왔다. 책이 나오고 나니 세상을 사는 데 자신감도 더 생겼다. 그래서 다음 책 쓰기를 즐거운 마음으로 구상하게 된다. 책 쓰는 일도, 세상을 살아가는 일도, 그리 두렵게 여겨지지 않는다.

내가 인생을 살아오면서 가장 잘한 일 중 하나는 김병완 칼리지에서 책 쓰기 수업을 들은 일이라고 말한다. 책을 잘 쓰기 위한 퀀텀독서법, 퀀텀 책 쓰기, 초서 독서법 등으로 김병완 작가님은 우리를 끊임없이 자극한다. 이 나이에 다시 천재가 될 수 있다는 말이 믿겨지는가? 하지만 잠자던 의식과 뇌 혁명을 일으켜 주는 책들이 계속 나오고 있다. 작가님의 〈당신을 천재로 만드는 1% 법칙〉이라는 책까지 나를 다시 유혹하면서 나의 뇌를 흔들어 보게 한다. 우리에게 구체적인 도움을 주면서 본인이 벌써 100여 권의 책을 집필해 가고 계시다. 책 쓰기를 밥 먹기보다 더 쉬운 일이라고 여기면서 책 쓰기의 좋은 스승으로의 본을 보이면서 달려가고 계신 것이다.

우리는 벌써 글쓰기의 대로에 들어섰다. 스승을 따라 계속 가기만 하면 된다. 내 삶을 즐겁고, 의미 있게 만들어 주신 김병완 작가님께 감사하고 감사할 뿐이다.

제6장

새로운 미래,
새로운 인류가 온다

남의 인생을 사는 것은 최악이다. 부모가 기대하는 효자로 사는 인생, 선생님이 좋아하는 모범생으로 사는 인생, 상사가 바라는 이상적인 부하로 사는 인생 등이 그 예다. 그래서 즐겁다면 당장은 좋겠지만 결국 문제가 생긴다. 언젠가 그런 인생은 자기 것이 아니라는 사실을 깨닫게 되기 때문이다. '진실의 순간'은 반드시 찾아온다.

오마에 겐이치, [난문쾌답], 59쪽

미래 인재의 6가지 조건

몇 개월 전에 '미래경영전략 어떻게 수립할 것인가?'라는 주제로 세계미래포럼에서 강연을 한 적이 있다. 그 강연을 준비하기 위해서 수많은 미래학자들을 책을 통해서 만나봤다. 그리고 나서 내린 결론은 아무도 미래를 제대로 예측할 수 없다는 사실이었다.

하지만 미래학자들은 하나같이 모두 위대한 자들이었다. 불가능한 것들에 도전하는 용기 있는 자들이기 때문이다.

수많은 미래학자들의 미래예측 결과들을 통합해 본 결과 우리가 살게 될 가까운 미래의 모습들은 이렇다.

미래는 초연결 사회가 될 것이다. 그래서 미래는 우리가 어디에 가서 무엇을 해도 기록이나 영상, 즉 흔적이 남게 될 것이다. 그리고 모든 사물들이 네트워크에 다 연결되어 있는 사물망 시나리오가 실현 될 것이다. 이 때는 우리가 자동차 열쇠를 어디에 두었는지 기억이 나지 않으면

굳이 온 장소를 다 뒤질 필요가 없어진다.

그저 스마트폰으로 자동차 열쇠가 어디 있는지 물어보면, 자동차 열쇠가 '나 여기 있어요' 하고 대답해 주기 때문이다. 모든 사물이 인터넷에 연결되어 있는 시대라는 것이다.

이런 시대가 되면, 절도범이 사라지게 된다고 한다. 왜냐하면 노트북을 훔쳐가도, 노트북은 자신이 어디에 있는지 주인과 경찰에 알려 주기 때문에 절대로 물건을 훔치는 것이 불가능해 진다는 말이다. 그리고 미래는 호모 헌드레드 시대가 될 것이다. 웬만하면 100세 까지 살게 될 것이다. 그래서 불로장생 시나리오, 인생 코칭, 평생 학습, 성인 아카데미, 마이크로 칼리지 등이 각광을 받게 될 것이다.

전 세계적으로 고령화가 급속도로 진행되어 노동인구가 상대적으로 줄어드는 현상에 국가와 지역 사회는 대비해야 할 것이다.

가까운 미래는 우주 시대가 되기 때문에 누구나 가까운 우주를 여행하는 것이 가능해진다고 한다.

자! 이런 미래에 가장 각광받은 인재의 6가지 조건은 무엇일까?

필자는 가장 중요한 조건으로 **'창조적 사고력'**을 들고 싶다. 그리고 이것은 훌륭한 작가로서의 기본 자질이기도 하다. 작가라면 반드시 글쓰기 능력이 있어야 한다. 하지만 이것보다 더 중요한 능력이 사고력이라고 생각한다.

창조적 사고력이 없는 작가는 그야말로 앵무새가 될 수밖에 없다. 누군가가 이미 써놓은 내용을 되풀이해서는 더 이상 유식하다고 말할 수 없는 시대가 미래이기 때문이다.

두 번째 조건은 '공감할 수 있는 능력' 즉 **'공감력'**이다. 아무리 훌륭한 재능을 가지고 있다고 해도 혼자만 아는 사람은 사회생활, 직장생활이 힘들다. 그런데 초연결사회에서는 더욱더 그러한 현상이 심해지고 배가된다.

세 번째 조건은 '혼란과 압박감을 즐길 줄 아는 능력', 필자는 이것을 **'도약력'**이라고 말하고 싶다. 이것은 정말 평범하게 살아가는 사람들이 절대 느끼지 못하는 순간이다. 필자는 평범하게 직장 생활을 10년 이상 했다. 하지만 평범하게 살다 보면 지금처럼 이런 혼란과 압박감을 절대 느껴 볼 수 없다. 그런 기회조차 없다. 평범하게 남들이 학교를 다닐 때는 함께 학교를 다니고 남들이 군대를 가면 함께 가고, 남들이 직장에 취업하면 함께 하고, 남들이 회사를 다니면 함께 열심히 다니는 모습이 바로 필자의 10년 전 평범함의 극치였던 모습이었다.

이런 삶이 무조건 나쁜 것도 아니고, 좋은 것도 아니다. 문제는 가장 중요한 자기 자신의 선택과 결단이 없었다는 것이다. 무엇보다도 자기 자신의 삶을 몇 단계 더 가슴 설레고 가슴 벅차게 할 수 있는 도전과 용기가 없는 무미건조한 삶이라는 데 가장 큰 문제가 있을 것이다.

그렇다고 직장 생활이 나쁜 것은 아니다. 절대 아니다. 다만 필자처럼 주체적인 선택과 도전이 아닌 수동적으로 사는 삶의 모습은 나쁜 것이라는 것이다. 가장 중요한 미래 인재의 조건 중에서도 이런 도약력이 가장 중요한 이유는 미래사회일수록 불확실성이 가중되는 사회이기 때문이다.

과거에는 그저 정해진 삶의 패턴을 따라서, 안정적인 직장 생활을 할 수 있었다. 하지만 지금은 절대 그것이 불가능하다. 어떤 사람도 직장에서 평생 필요로 하거나 책임져 주는 사람은 없다.

기업의 가장 큰 목표가 이익 창출이기 때문이다. 사람은 나이가 들면, 직장에서 일은 상대적으로 적게 하게 되고, 급여는 많게 되는 아이러니에 빠지게 된다. 그래서 기업 측면에서 높은 직위의 인간은 해고 1순위인 것이다. 이런 생태계로 인해, 직장인으로 평생 현역으로 산다는 것은 거의 불가능하다. 오히려 40대에 직장을 그만 두어야 하는 사람들이 훨씬 더 많다. 앞으로 평균 수명은 정말 100세 시대를 넘을지도 모른다. 그렇기 때문에 우리는 이 시대를 제대로 잘 살아가기 위해서 반드시 '도약력'이 필요하다.

도약력은 무조건 혼란과 압박을 즐길 줄 아는 능력만을 의미하는 것은 아니다. 현재 자신의 삶의 모습과 수준에서 한 단계 더 도약하기 위해 필요한 용기와 도전 정신도 포함한다. 그런 점에서 나중에 기회가 된다면 도약력에 대해서 책 한 권을 쓸 지도 모르겠다.

네 번째 미래 인재의 조건은 어떤 문제와 상황에 직면해도 잘 해결할 수 있는 '**해결력**'이다. 미래사회를 살수록 점점 더 필요한 것이 해결력이다. 미래사회는 지금 현재보다 훨씬 더 복잡하고 어려운 사회가 되기 때문이다.

이러한 해결력을 키우기 위해서 필요한 것은 지식이 아니다. 지식은 기존의 문제에 대한 해결력의 토대가 되어 줄 뿐이기 때문이다. 앞으로 우리가 만나게 될 문제와 상황들은 그 어떤 지식, 그 어떤 책에서도 존재하지 않는 새로운 유형과 종류의 문제이고 상황이다. 그래서 우리에게 필요한 해결력은 어떻게 보면 독서력이 토대가 되어야 한다.

그래서 필자는 다섯 번째 미래 인재의 조건은 대학을 다니지 않고, 누군가에게 배우지 않고서도 스스로 책을 읽고 배워서 대학 졸업생 수준만큼의 지식과 역량을 갖추어 나갈 수 있는 '**학습력**'이라고 말하고 싶다.

학습력은 다른 말로 하자면, 독서력이다. 스스로 책을 읽고 그 분야의 전문가로 성장할 수 있는 능력을 말한다. 그렇게 하기 위해서는 가장 기본이 되는 능력이 많은 책을 제대로 빨리 깊고 넓게 읽고 수용할 수 있는 속독력이다. 아무리 많은 책들을 빨리 많이 읽었다고 해도 자신의 사고와 의식으로 소화해 낼 수 없다면 그것은 수박 겉핥기식의 도능독이 될 수밖에 없기 때문에 제대로 자신의 것으로 만들 수 있는 습득력이다.

그리고 이러한 속독력과 습득력을 토대로 자기 자신만의 새로운 의식과 지식을 만들어 낼 수 있는 창조력이 더해져야 완벽한 독서력이라고 필자는 생각한다.

※ 좋은 독서력 = 속독력 + 습득력 + 창조력

여섯 번째 미래 인재의 조건은 **'유희력'**이다. 유희력은 한마디로 해서 자신의 삶과 일을 즐기고, 의미를 찾고, 새로운 가치를 만드는 과정을 통해 기쁨과 즐거움을 느낄 줄 아는 능력이다. 그렇기 때문에 어떻게 보면 가장 중요한 삶의 능력이다.

이런 사람이 대기업 회장이나 갑부보다, 대통령보다 더 행복하다고 할 수 있다. 유희력은 천재들이 가진 능력이 아니다. 천재이면서 인생이 불행한 이들이 가지고 있지 못 한 단 한 가지 능력이 바로 이것인지도 모른다.

유희력은 삶을 하루하루 축제가 되게 하는 능력이기도 하다. 일의 노예가 되어, 죽도록 일만하는 것은 문제가 있다. 돈의 노예가 되어 죽도록 돈만 버는 것도 올바른 삶의 모습은 아니다. 오히려 인간은 삶을 하루하루 축제가 되게 만들어 일도 하면서 하루하루 즐기면서 기쁘게 살아간다면 이것만큼 더 좋은 삶이 또 있을까?

필자도 이런 유희력을 좋아한다. 글쓰기를 한다고 해서 꼭 엄청난 고통과 희생을 통해 글쓰기를 해야 한다는 법은 이 세상에 어디에도 없다. 과거에는 글쓰기가 절대 돈벌이 수단이 아니었다.

글쓰기가 돈벌이 수단으로 전락하는 시대가 되자, 수많은 사람들이 돈을 벌기 위한 수단으로 글쓰기를 힘겹게 하는 이들이 많아졌다.

이런 사람들을 욕할 생각은 없다. 인간은 먹고 살아야 하는 숙명을 가진 동물이기에 어떤 직업이라도 가져야 하고, 그 직업을 통해 먹고 살아야 한다. 하지만 어떤 직업을 가졌든 그 직업을 통해 기쁨과 즐거움을 누릴 수 있는 사람, 그리고 그런 능력을 가진 사람은 인생이 즐겁고 행복할 것이다.

다시 요약해 보면, 미래 인재의 6가지 조건은 이렇다.

[미래 인재의 6가지 조건]

첫째. 창조적 사고력

둘째. 공감력

셋째. 도약력

넷째. 해결력

다섯째. 독서력

여섯째. 유희력

당신에게 이 여섯 가지 중에 한 가지라도 있다면 당신은 이미 미래 인재가 될 좋은 조건을 가지고 있는 셈이다. 하지만 여기서 더 나가서 독서력과 유희력만이라도 갖추게 된다면 어제와 같은 인생을 절대 살지 않아도 될 것이다.

팍스 코리아나, 한국의 시대가 온다

한국인들은 보기 드물게 우뇌형 민족이다. 필자가 이렇게 생각하는 이유는 한국인들의 여러 가지 특징들 때문이다.

가장 큰 특징은 한국인들은 신바람만 났다 하면 폭발적인 에너지가 방출되는 민족이다. 우뇌형 민족이기 때문이다.

지금은 창조와 감성의 시대이다. 그런데 우리 한국인들이 세계적으로 가장 창조적인 민족이라고 한다. 누가? 이시형 박사이다. 그는 자신의 저서 중에 하나인 〈창조의 심장 '우뇌'〉라는 책을 통해 '미래를 선도하는 창조의 중심엔 우뇌형 한국인이 있다'라고 강조한다.

우리는 한강의 기적을 이루어낸 저력이 있는 민족이다. 40년 만에 GNP가 400배 성장한 나라는 세계적으로 유일하다. 어떻게 이런 저력을 발휘할 수 있었을까? 한마디로 우리 민족은 우수한 우뇌형 민족이기 때문이라는 것이다.

한국인들은 우뇌형이기 때문에 오른쪽 이마가 크고, 왼쪽 눈을 많이 쓰고, 버스를 타도 왼쪽 자리에 많이 앉는다. 특히 감성이 풍부해서, 가무를 즐기고, 신나게 놀고, 신바람나면 엄청난 에너지가 뿜어져 나오는 특징을 가지고 있다. 근면한 민족이기도 한 일본인들을 게으른 것처럼 만들어 버리는 유일한 민족이 지독한 우리 민족이 아닌가?

그런데 우리 민족의 가장 큰 특징은 신명나면, 신바람 나면 무엇이든 세계에서 가장 잘하는 민족이고, 김이 빠지면 세계에서 가장 형편없는 민족이라는 것이다.

88올림픽, 2002월드컵 때를 보면 이런 사실을 잘 알 수 있다. 시청광장에 수십만 명의 사람들이 운집을 하고, 한 달 넘게 흥분으로 가득 한 모임을 하면서 떠들었지만 사람들이 떠난 자리에는 휴지 한 장 떨어지지 않았다.

하지만 신명난 순간이 지나면, 한 사람이 지나가도 휴지가 아니라 쓰레기장이 되는 것도 바로 한국인이다.

이런 한국인을 제대로 성장시키고 도약시키기 위해 리더들이 해야 할 것은 규칙이나 법이 아니라 감성이다. 감성만 잘 터치해 주면, 세계에서 가장 역동적이고 파워풀한 민족이 된다.

우리 민족은 우뇌형 민족이기 때문에 막사발을 대충 만들면, 그것이 일본에서는 국보가 된다. 삼성의 반도체가 크게 성장할 수 있었던 것도, 우리 민족이 우뇌형 특성을 가지고 있었기 때문이다.

다른 나라 사람들은 절대로 대충대충 산업 시설을 보고서 그대로 재현해 낼 수 없다. 특히 반도체 생산 라인은 더욱더 복잡하고 어렵다. 그런데 한국인들은 몇 번 구경하고 나서 그대로 생산 라인을 그려 냈고, 그래서 지금의 세계 1위 삼성 반도체가 존재할 수 있었던 것이다.

이것이 우리가 우뇌형이기 때문이다.

산업화 시대가 좌뇌형 민족에게 유리했다면, 창조적 시대에는 우뇌형 민족에게 유리하다. 좌뇌형에 가까운 일본이 그동안 성장했다면, 이제는 우리가 일본을 넘어설 수 있는 최고의 시대를 맞이하게 되었다고 볼 수 있다.

한류 열풍이 부는 것도, 한국인들만이 가지고 있는 감성 능력 때문이다. 우리나라 사람만큼 노래를 잘 부르고 춤을 추는 사람도 없을 것이다.

가수 싸이가 전 세계에 '강남스타일' 열풍을 불러일으키고, 한류 스타들이 중국에 전세기를 타고 갔다 올 정도로 한국인들을 능가하는 이들을 찾아보기 힘들게 되었다.

이제부터 한국인들의 시대가 올 것이다. 그렇기 때문에 제발 내부적으로 싸우지 말고, 도전과 도약만을 생각하며, 신명나게 살아 보자.

한국인들은 세계에서 가장 우수한 우뇌형 민족이다. 신바람 나게 살면 최고가 될 수 있다. 그것이 우뇌형 민족의 가장 큰 특징이다.

미래 혁명은 지금도 일어나고 있다

세상은 너무 복잡하고 급변하고 있다. 그래서 당신이 무엇인가를 계획하고 준비하고 있다면 다시 한 번 생각해 봐야 할 필요가 있다. 계획하고 준비하는 것이 무의미하다는 것이 아니다. 다만 그보다 좀 더 나은 방법은 무엇인가 새로운 것을 배우고 도전하고 시도해 보는 것이다.

당신이 무엇인가를 배우고, 시도하고, 도전해 본다는 것은 결국 결과에 상관없이 당신은 새로운 무엇인가를 배우게 되고 경험하게 될 것이기 때문이다. 그리고 그러한 경험과 배움은 결국 당신의 진짜 자산이 되기 때문이다.

미래에는 상품을 파는 것이 아니라 당신의 경험과 당신만이 가지고 있는 배움을 타인에게 파는 시대이기 때문이다.

필자는 지금 그렇게 하고 있다. 필자의 자산은 인맥도 아니고, 사회적 성공도 아니고, 스펙도 아니다. 그렇다고 화려한 학벌이 있는 것도 아니다. 그런데도 필자는 팔수 있는 것들이 생겼고, 그것을 팔고 있다. 그것은 바로 상품이 아니라 눈에 보이지 않는 것이다. 그리고 그것은 바로 필자만 경험한 필자의 독특한 체험이다.

평범한 직장 생활을 11년 동안 했다. 그런데 이러한 직장 체험과 경험은 아무도 관심을 가져 주지 않았다. 누구나 다 하는 것이고, 무엇보다 평범한 것이기 때문이다. 하지만 평범한 직장 생활을 그만두고, 3년 동안 도서관에서 책에 미쳤고, 그 후 3년 동안 책 쓰기에 미쳤다. 결국 그러한 독특한 삶의 체험과 그러한 삶을 통해 필자가 배운 나만의 배움과 지식과 능력이 결국 돈이 되고, 상품이 되었다.

누가 이것을 살까?

이것이 바로 미래 혁명이다. 작가가 되고 싶은 평범한 직장인들이 필자의 경험담과 필자의 노하우를 사고 싶어 했다. 그래서 실제로 돈을 받고, 즉 컨설턴트들이 수임료로 받는 그런 종류의 돈과 비슷한 개념의 돈을 받고, 7주 만에 그들을 작가가 될 수 있게 도와주었다.

필자는 돈이 생겨서 좋지만, 만약 그분들이 혼자서 했다면 5년, 10년이 걸려서 죽을 고생을 다 한 후에 터득할 수 있는 작가가 되었거나 못 되었을 수도 있다. 그러나 필자는 글 쓰는 원리, 글쓰기의 원리와 방법, 책 쓰고 출판사와 계약하는 방법, 책을 쉽게 재미있게 즐기면서 빨리 쓸 수 있는 방법과 같은 구체적이고 실용적인, 제대로 돈이 되는 방법들을 7주 만에 전수하였기에 훨씬 더 많은 것들을 얻어 가게 된다. 그래서 7주 동안의 이러한 작가 수업에 참여한 사람들은 평생 필자를 떠나지 못한다. 너무 고맙기 때문이고, 너무 많은 것들을 배우고 얻었기 때문이다.

이것이 바로 혁명이다. 물론 과거에도 이런 유형의 거래(?)는 있었다. 하지만 지금처럼 이런 유형의 거래가 유행했던 적은 없다.

경영 컨설턴트들이 대표주자들이다. 하지만 이제 경영에 국한되지 않는다. 개인적인 일과 생활에서도 컨설턴트들이 생기고 있고, 코치라는 이름으로 다양한 분야, 라이프, 생활, 재테크 등에서도 생겨나고 있다. 산업화 시대를 기점으로 생겨난 많은 비즈니스 모델들이 이제는 정보화 시대를 기점으로 새롭게 만들어진 비즈니스 모델들에게 주역의 자리를 빼앗겼다. 그리고 이제 창조의 시대에는 전혀 다른 비즈니스 모델들에 의해 이 세상은 움직이게 될 것이다. 미래 혁명의 토대는 감성과 창조이다. 그래서 하드웨어 보다는 소프트웨어이고, 소프트웨어보다는 휴먼웨어가 필요하다. 애플의 아이폰이 스마트폰으로서는 후발 주자격이었지만, 인류에게 스마트폰 시대를 열어준 위대한 제품이 될 수 있었던 것도 바로 이것 때문이다. 인간의 감성을 자극하고, 인간을 이해하는 제품이었기 때문이다.

미래 혁명 중에 가장 큰 것은 누구나 작가가 되는 변혁의 시대라는 것이다. 누구나 작가가 되는 것! 이것이 가장 큰 미래 혁명일 것이다. 누구나 작가가 되는 변혁의 시대를 이끈 것은 누구일까?

그것은 바로 다름 아닌 우리의 우뇌이다.

글쓰기 혁명은 좌뇌가 아닌
우뇌가 좌우한다

인류는 오랫동안 우뇌를 무시했다. 인류가 우뇌를 무시하게 된 결정적인 원인을 제공해 준 사람은 1860년대 프랑스의 신경학자 파울 브로카[Paul Broca]와 독일의 신경학자 카를 베르니케[Carl Wernicke]이다. 인간의 좌뇌가 짐승과 구별되는 특별한 인간의 능력인 언어 구사 능력을 좌우한다는 사실을 발견했기 때문이다.

물론 이 두 사람 이전에도 좌뇌를 더 중요시했던 사람들이 많았다. 히포크라테스 시대 의사들도 그런 부류의 사람들이었다. 그들이 좌뇌를 중요시했던 이유는 매우 단순했다. 인간에게 가장 중요한 부위 중에 하나인 심장이 왼쪽에 있기 때문에, 뇌도 좌뇌가 더 중요할 것이라고 생각했던 것이다.

최근까지 우리 인류는 좌뇌를 중요시 여겼고, 우뇌를 굉장히 무시했다. 하지만 이러한 편견은 노벨 수상자인 로저 스페리Roger Sperry 박사의 논문을 통해 완전하게 사라지게 되었다. 로저 스페리 박사는 뇌에 대한 기존의 연구 결과들에 치명적인 결함이 있음을 발견했다. 그리고 그것은 언어 구사 능력에 하등의 연관이 없다고 여겨졌던 우뇌가 실제로는 고차원적으로 관여할 뿐만 아니라 정신적 임무 수행에도 좌뇌보다 더 많은 역할을 하고 있다는 사실이었다.

즉 좌뇌보다 열등하게만 여겨졌던 우뇌가 사실은 열등하지도 않고, 오히려 더 우등하다는 사실이었다.

글쓰기와 관련해서도 많은 작가들이 글쓰기에 가장 중요한 요소는 논리와 수사학이라고 주장했다. 그래서 정해진 원칙을 지키면서 논리적으로 자신의 생각을 풀어 쓸 수 있는 능력이 글쓰기에서 가장 중요하다고 여겼다. 하지만 1970년대와 80년대를 시작으로 미국에서부터 서서히 이러한 사실에 반대하는 움직임이 작가들 사이에서 발생하게 되었다. 그것이 바로 프리라이팅 기법이다.

프리라이팅 기법은 한마디로 논리적인 글쓰기, 원칙과 규율에 따르는 글쓰기에서 벗어나, 직관에 의지하여 자유롭게 글을 쓰는 방식이다. 이런 방식의 가장 큰 장점은 글쓰기에 대한 두려움을 없애줄 수 있다는 것과 글쓰기가 진정 즐거움과 놀이가 될 수 있다는 것이다.

여기에 인간이 가장 창조성이 발휘되는 상태에서 글을 쓰기 때문에 가장 창조적인 글쓰기가 가능하다고 보는 시각이 지배적이다. 그래서 문단과 학계에서도 프리 라이팅 기법을 인정하고 지지하는 경향을 보이는 것이다. 이러한 프리라이팅 기법을 이끄는 것은 논리적인 좌뇌가 아니라 감성적이고 직관에 의존하는 우뇌인 것이다.

시 분야에서는 프리라이팅 기법이 오래전부터 인정을 받았지만, 산문 분야에서 프리라이팅 기법이 인정을 받은 것은 미국의 나탈리 골드 버그, 피터 엘보 등의 작가 덕분이고, 최근의 일이다. 산문 분야에서도 프리라이팅 기법이 인정을 받게 된 것은 시대적 흐름도 큰 몫을 하고 있다고 필자는 생각한다. 과거일수록 좌뇌 중심의 논리적 사회였다. 그래서 산문에서 가장 중요한 것은 논리였다.

하지만 이제는 좌뇌 중심의 논리적 사회에서 우뇌 중심의 감정적 사회로 움직이고 있다. 그렇기 때문에 이러한 시대적 변화가 프리 라이팅 기법을 더욱더 활성화 시켰다고 볼 수 있다. 이제는 글쓰기에도 혁명이 필요하다. 왜냐하면 시대가 바뀌었기 때문이다. 그리고 그러한 변화의 주체는 좌뇌에서 우뇌로의 전환이다. 위대한 작가들은 우뇌와 좌뇌가 모두 잘 작용하여 전뇌적인 글쓰기를 했다고 할 수 있다. 하지만 우뇌형 글쓰기가 지금 이 시대에 중요한 이유는 너무 많은 사람들이 좌뇌형 글쓰기에서 벗어나지 못하고 있기 때문이다.

누구나 책을 쓰는 변혁의 시대가 올 수 있는 가장 큰 이유는 이러한 좌뇌형 글쓰기에서 벗어나 우뇌형 글쓰기가 시대의 흐름에 잘 맞기 때문이라고 할 수 있다. 글쓰기의 혁명은 다름 아닌 우뇌에서 비롯되는 것이라고 말할 수 있다.

글쓰기에는 반드시 두 단계가 필요하다. 창조성이 발휘되는 단계와 비판적 사고력이 발휘되는 단계이다. 그런데 지금까지 너무 많은 사람들이 비판적 사고력, 즉 좌뇌가 많이 발휘되어 창조성이 발휘될 기회조차 얻지 못했던 것이다.

그렇기 때문에 글쓰기가 일반 대중의 것이 되지 못했던 것이다. 하지만 이제는 다르다. 우뇌 중심의 시대가 되어가고 있기 때문이다.

누구나 창조성을 마음껏 발휘할 수 있는 우뇌형 글쓰기, 프리 라이팅을 즐길 수 있는 시대가 되었다. 그래서 누구나 글을 쓸 수 있는 변혁의 시대인 것이다. 그러므로 당신의 직업이 무엇이든 글쓰기를 하라는 것이다. 당신이 부자이든 가난뱅이이든 상관없다. 유식한 박사이든 아니면 초등학교 졸업장이 전부인 사람이든 상관없다. 그냥 자신의 직관에 의지하여 자유롭게 신나게 글쓰기를 즐기면 되는 것이다. 당신의 글이 아무리 형편없다 해도 당신에게 누가 소송을 걸지 않는다. 얼마나 좋은가? 당신은 누구나 작가가 되는 변혁의 시대에 살고 있다는 그 하나 만으로 마음껏 글쓰기를 장악할 수 있다.

지식 정보화 사회에서
스토리와 감성의 사회로

　인류 역사를 간단히 살펴보면 재미있는 사실을 발견할 수 있다. 이것은 누구나 쉽게 할 수 있는 일은 아니지만, 그렇다고 반드시 많은 공부를 한 사람만이 할 수 있는 어려운 일도 아니다. 필자 같은 사람도 조금만 관련 서적을 찾아보고 공부하면 쉽게 할 수 있는 일이다. 근세 100여 년 전만 살펴보더라도 지금 시대의 흐름을 쉽게 간파해낼 수 있다. 지금은 2020년이다. 그렇다면 106년 전인 1914년에는 어떤 일들이 일어났을까?

　지금으로부터 106년 전인 1914년에는 인류의 비극인 제1차 세계대전이 발발했다. 그렇게 큰 전쟁이 일어난 배경에는 산업화 시대가 되어 많은 것을 대량생산하게 되고, 기술이 그만큼 발전한 이유가 있었다.

1760년 영국에서 시작되어 인류의 발전을 이끈 산업 혁명은 인류의 근대 사회 성립에 가장 결정적인 영향을 끼친 사건이다. 하지만 지금 우리가 사는 이 시대와 산업 혁명은 멀어도 너무 먼 느낌이 든다.

산업 혁명에는 물질, 상품 등이 가장 중요한 요소다. 하지만 점차 물질적인 것이 아닌 눈에 보이지 않는 정보 같은 것들이 중요한 역할을 하는 시대가 되었다. 이러한 시대적 흐름을 가장 먼저 간파한 사람이 바로 다니엘 벨과 앨빈 토플러 같은 학자들이다. 컴퓨터와 같은 정보통신의 비약적 발전으로 모든 분야의 정보화가 이루어졌고, 그 결과 우리는 지금의 정보화사회라고 부르는 사회에서 태어나 살아가고 있다.

우리가 사는 21세기 사회의 또 다른 표현이 바로 지식 정보화 사회인 것이다. 지식 정보화 사회의 가장 큰 특징은 상품이나 물건보다 다양한 정보와 지식이 융합되어 기술과 산업, 인류를 이끈다는 것이다. 그래서 피터 드러커는 수많은 저작들을 통해 산업 근로자가 아닌 지식 근로자의 탄생과 중요성을 설파했고, 앨빈 토플러는 제3의 물결을 통해 이러한 사실을 주창했다. 하지만 이런 위대한 인물들의 주장이 이제 구시대적 유물이 되어 갈 정도로 시대는 빠르게 변하고 있다. 산업화 시대에서 지식 정보화 시대로의 변천은 누구나 다 쉽게 이해할 수 있다. 그런데 지식 정보화 시대에서 감성과 스토리 시대로의 변천은 아직 이해하기 쉽지 않다. 그것이 지식 정보보다 더 눈에 보이지 않는 것들이기 때문이다.

지식과 정보는 눈에 보이지 않지만, 우리는 그것들을 데이터베이스화 할 수 있고, 관리할 수 있다. 컴퓨터가 그러한 것들을 도와주기 때문이다. 하지만 감성과 스토리는 그렇게 할 수 없다. 감성과 스토리는 본능에 가깝고, 창조에 가까운 것들이다. 감성은 자꾸 변하고, 스토리도 계속해서 달라진다. 그리고 무엇보다 인간의 머리와 내면에 존재하고, 나오는 것들이라는 점에서 지식과 정보와 달리 컴퓨터와 큰 연결성을 찾을 수 없다는 점이 가장 큰 차이이다.

지식, 정보는 컴퓨터와 관련되어 있다. 특히 빅 데이터의 활용은 컴퓨터가 주된 기능을 해야 가능하다. 하지만 감성과 스토리는 인간이 주된 기능을 하고, 인간이 주된 소비자이기도 하다. 감성과 스토리의 시대의 가장 큰 특징은 인간의 감성을 자극하지 못하는 기업과 사람은 각광받을 수 없다는 사실이다. 애플의 아이폰, 스타벅스 등이 인류에게 각광을 받았던 단 한 가지 비결이 바로 감성과 스토리인 것처럼 말이다.

물건을 만드는 제조업이 세계 최고의 비즈니스였던 시대가 있었다. 바로 산업화 시대였다. 이 때는 구글, 페이스북, 트위터 등이 존재하지 않았고, 존재할 수도 없었던 시대였다. 그런데 지금은 상품을 만드는 회사보다는 지식과 정보를 만들고 관리하는 회사가 더 큰 부와 영향력을 가지게 되었다. 그리고 이제 서서히 감성과 스토리를 가지고 있는 사람과 기업들이 더 큰 부와 명성을 얻게 되고 있다.

시초에 불과하지만 조엔 K. 롤링은 감성과 스토리의 시대의 신호탄을 쏘아 올린 거인이다. 조금 이른 감은 없지 않지만, 약간 빨리 나타나는 거인들은 있게 마련이다. 그녀는 영국의 큰 기업이 한 해에 벌어들이는 돈 보다 더 많은 돈을 혼자서 벌어들인다.

지금이 감성과 스토리의 사회가 아니라면, 고작 스토리를 팔고, 아이들의 감성을 자극해서 그런 돈을 벌 수 있을까?

지금 우리가 살고 있는 사회는 감성과 스토리의 사회이다. 이것을 인정하느냐 안 하느냐는 독자들의 몫이다. 하지만 시대의 흐름을 무시하고 독단적으로 살아간다면 그것은 마치 바람과 물을 이용할 줄 모르는 동물과 다를 바 없다.

인류의 위대함은 불을 발견하고 불을 두려워만 해서 불로부터 도망치는 것이 아니라, 그 불을 최대한 잘 활용할 줄 알았던 지혜에서 비롯된다. 지금은 감성과 스토리의 사회이기에, 감성과 스토리를 잘 활용할 줄 아는 사람들이 부와 명성을 얻게 된다.

누구나 작가가 되는 변혁의 시대가 되는 것은 이런 감성과 스토리의 시대에 자연스러운 현상인 것이다. 마치 과거에 누구나 글을 읽는 것이 삶을 잘 살아내기 위해 필요한 것임을 깨닫고 누구나 글을 읽을 수 있게 된 것처럼 말이다.

그래서 평생 '책 한 권도 읽지 않은 사람'과 같은 사람이 이제는 '평생 책 한 권도 쓰지 않은 사람'이 될 것이다. 시대가 그만큼 많이 변하고 있다. 우리는 이 사실을 직시해야 한다.

책을 쓸 줄 안다는 것

책을 쓸 줄 안다는 것은 무엇인가?

가장 어려운 질문 중에 하나다. 정답이 없는 질문이기 때문이다. 그럼에도 이 질문에 대답하고 싶은 이유는 책을 쓸 줄 안다는 것은 이론적인 문제가 아니라 경험의 문제이기 때문이다.

책을 쓸 줄 안다는 것은 한마디로 책을 써본 적이 있다는 것을 의미한다. 이것은 다시 말해 당신은 자전거를 탈 줄 아느냐 하는 문제와 같은 맥락이다. 자전거를 탈 줄 안다는 것, 차를 운전할 줄 안다는 것은 결국 타는 기술, 운전하는 기술과 이론을 모두 배우고 익혀서 마음대로 차를 운전해서 가고 싶은 곳에 갈 수 있다는 말을 의미한다.

책을 쓸 줄 안다는 것도 이와 다르지 않다. 당신이 말하고 싶은 것을 가지고 마음대로 엮어서 책을 통해 독자들에게 전달할 수 있다는 것을 의미한다.

이런 점에서 책을 쓸 줄 안다는 것은 우리 모두 레이싱 선수가 되어야 한다는 것을 의미하지 않는 다는 것을 꼭 말해주고 싶다.

책을 쓸 줄 안다는 것은 결국 독자와 책을 통해 소통할 수 있느냐의 문제이지, 얼마나 잘 멋지고 아름다운 미사여구를 쓸 줄 아느냐의 문제는 절대 아니다. 이 점을 분명하게 해야 한다.

운전을 할 줄 안다는 것은 경험과 기술의 문제지, 천재적인 재능의 문제가 절대 아니다. 그렇기 때문에 책을 쓸 줄 안다는 것도 절대 천재적인 재능의 문제가 아니다. 배움과 기술의 문제이고, 그로 인해 책을 한 권이라도 써 봤다면 이 사람은 책을 쓸 줄 아는 사람인 것이다.

물론 여기서 공저를 한 경우, e-book 출간을 한 경우는 제외해야 한다. 공저를 할 경우 책을 쓴다는 것의 모든 과정을 자기 자신이 경험하기 힘들기 때문이다. 이것은 마치 대학교를 다닌다고 하면서 계절 수업만 듣고, 대학교를 다녔다고 하는 것과 다를 바 없기 때문이다.

물론 공저도 공저 나름이지만, 공저는 대부분 혼자서 책을 쓴 경우로 인정해 주지 않는다. 생각해 보라. 몇 페이지만 달랑 쓰고 공저라고 이름을 올린다면 책 한 권을 쓸 줄 안다고 할 수 있을까?

e-book도 마찬가지이다. 진짜 책 쓰기의 모든 과정을 경험할 수 없는 것이 바로 e-book 출간이다.

진짜 종이책을 출간하기 위해서는 많은 과정과 단계를 거쳐야 한다. 마치 한 단계 한 단계가 하나의 관문처럼 느껴진다. 그렇게 책을 한 권 출간하기 위해서 반드시 스스로의 힘으로 지나가야만 하는 수많은 관문을 무사히 통과한 후에야 한 권의 책의 저자로 거듭나게 된다. 그런데 공저나 e-book은 그러한 관문을 모두 무사히 통과했다고 보기 힘들다.

일기를 쓰는 것은 누구나 할 수 있다. 바로 이런 이유에서다. 책 쓰기와 일기 쓰기가 모두 글쓰기라는 행동의 본질은 같은 것이지만, 엄연히 틀린 것임을 우리는 알아야 한다. 산과 돌멩이의 차이만큼 큰 것이 바로 책 쓰기와 일기쓰기의 차이이다. 이와 마찬가지로 공저로 책을 쓴 경우나 e-book 출간을 한 경우는 책을 쓴 경우와 같다고 할 수 없다. 책을 쓸 줄 안다는 것은 책 쓰기의 기술을 익히고, 책 출간이라는 경험을 해본 사람, 즉 기술과 경험을 모두 겸비한 사람이라고 필자는 생각한다.

책 좀 쓸 줄 아는 사람이 된다는 것

　지금 우리 주위를 둘러보면, 적지 않게 책 쓰기 수업을 하는 사람들이 있다. 이 중에 보면 대학 교수가 가장 많고, 그 다음이 작가, 그리고 신문 기자다.

　과연 이 세 부류 중에 누가 가장 잘 책 쓸 줄 아는 사람일까? 그리고 누가 가장 잘 책 쓰기 수업을 할 수 있는 사람일까? 정답은 명확하다. 작가이다.

　작가가 아닌 대학 교수나 신문 기자들은 심하게 말해서 책 쓸 줄 아는 사람들이 아니다. 물론 책을 한 두 권 어렵게 어렵게 출간한 후 책 쓰기 수업을 하는 사람도 있다. 하지만 문제는 전문적으로 책을 수십 권 써낸 경험이 있는 전문 작가들이 책 쓰기에 대해서 가장 많이 알고 있다는 사실이다. 책 쓸 줄 아는 사람이 되기 위해서는 이론만 있어도 안 되고, 책 쓰기의 한 부분인 글쓰기만 잘해서도 안 된다.

신문 기자는 글쓰기를 잘하는 사람일지 몰라도 책 쓰기를 잘한다고 말할 수는 없다. 책 쓰기와 글쓰기는 물과 커피의 차이만큼 크다. 물이 좋다고 좋은 커피가 되는 법은 절대 아니다. 그리고 물만 있다고 해서 그것이 곧 커피인 것은 아니다. 커피가 되기 위해서는 커피의 재료가 있어야 하고, 그것이 물에 녹아서 잘 섞여야 한다. 그 비율이 잘 맞아야 가장 맛있는 커피가 된다. 글쓰기와 책 쓰기는 물과 커피의 관계인지도 모른다. 그렇기 때문에 글쓰기를 잘한다고 책 쓰기도 잘한다고 할 수는 없는 것이다. 수박도 먹어본 사람이 잘 먹고, 고기도 먹어본 사람이 잘 먹는다. 전쟁도, 싸움도 그렇다. 맨 날 싸움질이나 하는 아이들이 싸움질을 잘하게 되어 있다. 즉 책 쓰기는 경험의 문제인 것이다.

신문 기자가 사용해야 할 문체는 책 쓰기를 할 때 사용해야 할 문체와 다르다. 그렇기 때문에 신문 기자들이라고 해서 책 쓸 줄 아는 사람들이라고 말해서는 안 된다. 문체가 다른 것은 수많은 이유 중에 빙산의 일각에 불과하다. 책 쓰기의 본질은 독자와 함께 소통하는 것이다. 그런데 신문 기자의 글은 소통이 아니라 일방적인 보도이다. 그래서 육하원칙이 가장 중요하다.

하지만 책 쓰기는 육하원칙이 중요한 것이 아니라 독자와의 공감이 가장 중요하다. 독자들이 '이 책을 읽은 후에 얼마나 큰 공감을 느끼고, 떨림이 있는가'이다. 즉 감동적이고 감성을 자극하는 그런 글을 써야 한다. 조금이라도 독자들의 마음을 사로잡고, 유혹하고, 자극하고, 찔리게 해야 하고, 느끼게 해주어야 한다. 그것이 책 쓰기다.

책을 쓸 줄 아는 사람이 된다는 것은 글쓰기 연습만 하는 것이 아니다. 책 쓸 줄 아는 사람이 된다는 것은 직접 책을 쓰고, 책을 출간할 줄 아는 사람이 된다는 것이다. 그래서 그런 사람이 되기 위해서는 책을 써야 한다.

누구나 처음부터 책을 쓸 줄 아는 사람인 것은 절대 아니다. 누구나 처음에는 초보이고, 쓸 줄 모르는 사람이었다. 이것은 아기들이 처음부터 걸어 다닐 수 있는 것이 아닌 것과 같다.

많은 시행착오를 거쳐서 비로소 걷게 되듯, 책 쓰기도 많은 시도와 실패를 통해 책을 쓸 줄 아는 사람으로 도약하게 되는 것이다.

누가 미래를 선점할 것인가

누가 미래를 선점할 것인가? 답은 명확하다.

타인의 감성을 자극할 줄 아는 사람, 스토리를 만들어 낼 줄 아는 사람, 그리고 이 두 가지를 한마디로 하자면 '책을 좀 쓸 줄 아는 사람'이다. 당신은 책을 쓸 줄 아는 사람인가? 그렇다면 당신은 미래를 선점할 수 있다.

이 시대는 책을 잘 쓸 줄 아는 사람들이 특권을 누릴 수 있기도 하고 책을 쓸 줄 모르는 사람들이 불이익을 당할 수 있는 시대이기도 하다. 주위 사람들이 모두 책을 쓸 줄 아는 데 혼자 책을 쓸 줄 모른다면 어떻게 될까? 바로 이런 일이 지금 벌어지고 있다.

일반 직장인이 책을 쓰겠다고 필자에게 도움을 요청하고, 찾아오기 때문이다. 이런 현상은 이 시대가 급격하게 변하고 있다는 증거다.

이렇게 변하고 있는데, 어제와 다를 바 없이 그저 하루하루 근시안적으로 살아가는 사람들은 절대 미래를 선점할 수 없다.

미래를 선전하는 사람들은 시대의 흐름을 누구보다도 빨리 간파하는 사람들이다. 그리고 그러한 시대의 흐름에 맞추어 자신을 강화시킨 사람들이다.

하버드 대학교가 왜 세계 최고의 대학교일까?

답은 명확하다. 누구보다 먼저 미래를 선점하는 대학교이기 때문이다. 즉 이 말은 누구보다도 먼저 시대의 흐름을 간파하고, 미래사회에 필요한 인재들을 만들어 내고 있기 때문이다.

하버드 대학교는 1872년에 세계에서 가장 먼저 글쓰기 과정을 만들었다. 그리고 그 전통은 지금까지 이어져 내려온다. 전공을 불문하고 모든 재학생이 이 글쓰기 수업을 들어야 한다.

하버드 대학교 졸업생들에게 "어떤 인물이 가장 되고 싶습니까?" 하고 물어보면 의외의 대답을 한다고 한다.

유명 인사, 성공한 사람, 부유한 사람이 아니기 때문이다. 하버드 대학교 졸업생들이 가장 되고 싶은 인물은 '글을 잘 쓸 줄 아는 사람'이기 때문이다.

하버드 대학교 졸업생들이 이런 생각을 가지게 된 것은 하버드 대학교 재학 시절 동안 글쓰기의 중요성에 대해서 피부로 체험하게 되기 때문이다.

그 어떤 대학교보다도 먼저, 그리고 제대로 글쓰기에 대해서 가르치는 대학교인 것이다.

　한국 사회를 살펴보자. 글쓰기를 잘 하는 사람들은 많다. 하지만 글쓰기를 잘 한다고 해서 미래를 선점하지는 못한다. 하지만 글쓰기에서 좀 더 나가서 소통이 가장 중요한 본질인 책 쓰기가 되면 이야기가 달라진다.

　책을 쓸 줄 알았던 사람이기에, 즉 책을 써낸 경험이 있고, 그의 이름으로 된 책이 세상에 있기 때문에 그는 서울시장이 될 수 있는 기회를 획득하게 되었고, 지금은 대선 후보로 까지 생각하는 사람들도 있을 정도가 되었다.

　안철수 의원도 책을 쓸 줄 아는 사람이었다. 그래서 바로 그런 이유로 인해 안철수 의원도 그저 사업가의 수준을 넘어서 정치인이 될 수 있었고, 한 때 안철수 열풍이라는 기이한 신드롬까지 불러일으키는 화제의 주인공이 될 수 있었던 것이다.

　책을 쓸 줄 아는 사람이 바로 미래를 선점하는 자가 되는 것이다!

김병완 칼리지 7주 책 쓰기 수업으로 작가가 되다

_여** 작가님 (김병완 칼리지 책 쓰기 수업 수강생)

7주 수업만으로 계약금 500만 원 받는 작가가 되다

드디어 7주차 원고투고 날이다.

7주간 준비한 출간기획서를 김병완 칼리지에서 제공하는 출판사 리스트에 다 보냈다.

보내기 전 얼마나 가슴이 떨리던지…. 과감하게 보내기 버튼을 눌렀다.

1시간도 되지 않아 출판사로부터 전화 및 이메일이 오기 시작했다.

최근 베스트셀러를 낸 곳에서도 연락이 오고 파격적인 계약금액인 500만 원을 제시하기도 했다.

(나는 그게 파격적인지도 몰랐다. 처음이라^^)

계약서를 이메일로 바로 보내 준 출판사도 있고… 후기를 남기는 지금도 한 출판사에서 연락이 왔다.

출판기획서를 보낼 때보다 더 가슴이 떨린다.

아직 출판사 리스트에 나온 곳 전부에 다 보내지도 않았는데^^.

이제 출판사 선정만 남았다.

7주차 마지막 강의를 듣고 하게 된 다짐은 '이제 시작'이라는 것이다.

앞으로 계속해서 투고하며 글을 쓰는 작가가 될 수 있도록 로드맵을 짜주시는데 정말 감사했다.

책 한 권쓰면 끝이라고 생각했는데 그게 아니라 계속 성장할 수 있도록 길을 열어 주셨다.

김병완 칼리지에서 책 쓰기를 배우길 정말 잘했단 생각이 든다.

내 인생 최고의 선택이었다.

김병완 작가님을 만나서 내 인생이 완전히 바뀌었다!

새로운 시대,
새로운 인류가 오고 있다

안녕하세요. 김병완입니다.

저는 오늘 '새로운 미래, 새로운 인류의 탄생'에 대해서 이야기를 나누어 보려고 여기 이 자리에 나왔습니다.

오늘 제가 말씀드릴 주제와 관련한 이야기이자 제 이야기를 잠깐 언급하겠습니다.

저는 평범한 직장인 출신입니다. 11년 동안 삼성전자에서 스마트폰 연구를 했던 공대생입니다.

여기서 한 가지 명심해야 하실 것은 제가 글쓰기와는 전혀 상관없는 직업을 가졌고, 글쓰기에 대해서 어떤 교육도, 수업도, 전혀 배운 적이 없는 사람이라는 점입니다.

이 사실이 왜 중요할까요?

평범한 이 시대의 중년 남성이 직장을 그만두고 나서 정확히 3년이란 시간이 흐른 후에 책을 출간하는 소위 '작가'로 변신하기 때문입니다.

과연 3년 동안 무슨 일이 일어났던 것일까요?

평범하고 선량한 일반 시민이 3년 만에 직업을 바꾸어 제2의 인생을 살아간다는 사실에 대해서 말씀드리려고 제가 이 자리에 나온 것은 아닙니다.

글쓰기에 대해서 배우지도 공부하지도 전공하지도 않았던 '공대생'이 어떻게 작가가 될 수 있느냐 하는 사회적 현상에 대해서 이야기하려고 나왔습니다.

어떤 영화에 보니까 공대생을 아주 무시하는 대사가 나오더라고요.

'뭐라고 하죠? 공대생은 별은 다 똑같은 별이라고, 별이 다 다르다는 것을 깨닫는 데 오래 시간이 걸린다고요.'

제가 바로 그런 공대생 출신입니다.

그런데 저는 작년 1년 동안 20권의 책을 출간했습니다. 그리고 올해 3개월 동안 10권의 책을 더 출간했습니다. 하지만 저는 한 번도 제가 작가라고 생각해 본 적이 없습니다.

자꾸 옆에서 작가님… 작가님…이라고 부르니까 그냥 편하게 김병완 작가라고 말을 하고 있지만 저는 작가라고 생각을 하지 않습니다.

진짜 저의 모습은 공부를 좋아해서, 특히 미래학을 너무 좋아해서, 혼자서 스스로 공부하고 있는 '독학자'나 '독학하는 공부학자'라는 것이 저의 가장 큰 정체성을 나타냅니다.

저를 혹시라도 부르실 일이 있으시면 제발 부탁드립니다. 저는 작가가 아닙니다. 김병완 작가님이라고 부르지 마시고 제발 '김병완 공부학자님'이라고 불러 주시면 제 책을 한 권씩 그냥 드리겠습니다!!! 정말입니다. 단 지금부터 10분의 시간을 드리겠습니다!!

제가 오늘 말씀 드릴 주제가 바로 이것입니다. 전업 작가가 아닌 저처럼 평범한 사람들조차 글을 쓰는 시대, 평범한 사람들조차 책을 출간하는 시대에 대한 이야기를 하려고 나왔습니다.

한마디로 '새로운 인류, 새로운 시대, 새로운 미래가 오고 있다'는 것에 대한 이야기입니다.

제가 질문 하나 던지겠습니다.

여러분은 어떤 인류이십니까? 자기 자신은 어떤 인류일까요?

호모 에렉투스입니까? 호모 사피엔스입니까? 아니면 호모 루덴스입니까? 아니면 호모 파베르 입니까? 아니면 호모 아카데미쿠스입니까?

자기 자신의 정체성을 나타낼 수 있는 한 가지 이름은 무엇인가요? 자기가 살고 있고 자신이 살아가고 있는 이 시대의 인류를 대변해 줄 수 있는 가장 좋은 말은 무엇일까요?

제가 말씀 드릴 오늘의 주제는 제가 최초로 세상에 내놓는 저의 순수한 그리고 독창적인 아이디어라는 사실을 미리 말씀 드리겠습니다.

여러분들은 매우 행운아이십니다.

제가 평생 공부해 왔던 것들 중에 한 가지를 최초로 공개하는 역사적인 순간에 동참하고 계시니까요.

이제 본론으로 들어가겠습니다.

여러분들은 호모 에렉투스도 호모 사피엔스도 호모 파베르도 아닙니다. 이 시대는 이미 지나갔기 때문입니다. 그렇다면 이제부터의 시대는 무슨 시대일까요??

혹시 아시는 분 계시나요?

이 세상에 그 어떤 석학도 어떤 미래학자도 심지어 제가 존경하는 토플러도 알지 못할 것입니다.

제가 원하는 정답은 이 세상에 그 어떤 책 속에도 없기 때문입니다. 어떤 논문 속에도 없기 때문입니다. 심지어 어떤 천재의 머릿속에도 없기 때문입니다.

여러분들이 살고 있는 이 시대의 인류, 즉 여러분들을 한마디로 정의하면 바로 이것일 것입니다.

한마디로 '호모 스크립투스'라고 저는 세계 최초로 지금 이 자리에서 여러분들에게 가장 먼저 공개합니다.

"한 번만 크게 따라 해주십시오."

"우리는 호모 스크립투스다."

오~~ 기분이 굉장히 좋습니다. 에너지가 느껴지네요.

그런데 여러분 왜 여러분이 호모 스크립투스인지 아세요??

모르세요?

그 이유는 이 시대의 모든 사람들은 알게 모르게 인류 역사상 그 어떤 시대보다도 가장 많이 가장 자주 글을 쓰는 최초의 인류이기 때문입니다.

여러분들은 어제와 전혀 다른 새로운 시대를 살아가고 있습니다. 다만 그것을 인식하지 못하고 있기 때문입니다.

여러분들이 살아가고 있는 이 시대는 '누구나 글을 쓰는 시대'라는 것입니다.

앨빈 토플러가 1980년에 자신의 저서인 〈제3의 물결〉에서 프로페셔널과 소비자, 생산자와 소비자의 경계가 허물어지고 있는 시대, 즉 21세기는 프로슈머prosumer의 시대가 오고 있다고 말한 적이 있습니다.

그의 말대로 진정한 프로슈머의 시대가 오고 있다고 저는 생각합니다. 그것이 바로 독자와 작가의 경계가 무너지는 새로운 시대라고 생각합니다.

그래서 저는 작가writer와 독자reader라는 단어를 합성하여 새로운 프로슈머인 라이더wrider라는 단어를 세계 최초로 만들었습니다.

새로운 시대는 한마디로 '라이더의 시대이기 때문'입니다.

호모 파베르는 누구나 도구를 사용할 수 있는 인류의 시대를 말합니다. 호모 에렉투스는 뛰어난 한 두 사람만이 아닌 평범한 누구나 두 발로 직립 보행하게 되는 그 시대의 인류를 말합니다.

호모 스크립투스는 뛰어난 천재나 훌륭한 학자들이나 상상력이 풍부한 천재들과 같이 소수의 사람들만이 글을 쓰고 책을 출간하던 그런 시대가 아닌 평범한 사람들 누구나 평생 살면서 한 두 권의 책을 쓰고 자신의 이름으로 된 책을 출간해 내는 그런 시대, 한마디로 '누구나 글을 쓰는 시대, 누구나 책을 출간해 내는 시대, 누구나 작가가 되는 시대'가 이제 펼쳐질 것이라고 말씀드리고 있습니다.

'작가는 이제 누구나 할 수 있는 것이고, 누구나 될 수 있는 것이고, 누구나 해야 하는 것이고, 누구나 이미 하고 있는 것'이라 생각합니다.

한마디로 '모든 사람은 이미 작가인 시대다'라는 것이 제 생각입니다.

여러분들은 지금 엄청난 시대를 살아가고 있는 것입니다. 그것을 아세요!!!

이미 호모 스크립투스의 시대는 조금씩 서서히 시작되어 가고 있는 증거들이 여기저기서 보이고 있답니다.

새로운 미래가 오고 있고, 여러분들은 새로운 인류라는 사실을 믿지 못하시겠죠?

첫 번째 증거를 보여 드리겠습니다.

첫 번째 근거는 이 시대만큼 평범한 사람들에게조차 글 쓰는 훈련, 즉 작가 수업을 이토록 지독하게 하도록 만드는 시대는 인류 역사상 한 번도 없었다는 것입니다. 지금 이 시대 사람들만큼 평범한 사람들이 글을 많이 쓰고 자주 쓰고 그것을 세상에 다양한 형태로 내 놓은 인류는 없었습니다.

그 증거는 바로 이 시대를 대표하는 소셜 네트워크 서비스SNS와 스마트폰입니다. 트위터, 페이스북, 블로그를 이전 시대의 인류는 사용하지 않았습니다. 평범한 사람들은 매일 글을 쓰지 않았습니다.

이 시대에는 평범한 사람들이 페이스북, 트위터, 블로그를 하면서 자기 자신도 알게 모르게 매일 글을 쓰는 시대가 되었다는 것입니다.

과거에 알게 모르게 평범한 사람들이 도구를 사용하는 시대가 되면서 호모 파베르라는 인류가 탄생했던 것처럼 지금은 평범한 사람들이 글을 쓰는 시대가 된 것입니다.

여러분들은 알게 모르게 매일 글쓰기 연습과 작가가 되는 훈련을 아주 미친 듯이 하고 있습니다. 그래서 이 시대는 누구나 작가가 될 수 있는 시대입니다.

많은 사람들이 매일 트위터, 블로그, 페이스북, 하다 못해 휴대폰 문자를 쓰고 또 쓰고 있습니다. 편지는 이렇게 매일 쓰지 않습니다. 하지만 트위터, 페이스북, 블로그 같은 것들은 매일 지독하게 사용하고 있습니다. 블로그를 운영하고 있는 사람들은 거의 준작가입니다.

여러분! 파워 트위터 중에 화가나 음악가가 많습니까? 작가들이 많습니까?

대한민국 최고의 파워 트위터 1위부터 5위를 보면 전부가 책을 출간한 경험이 있는 작가들입니다!!!

피는 못 속이죠~~~

작가가 되고 싶은 사람이 있으시다면 트위터를 많이 하세요. 블로그를 운영하셔서 매일 글을 써 보세요. 페이스북에 자신의 생각을 매일 올려 보세요.

트위터도 무시할 수 없습니다. 자신의 생각을 짧은 140자로 함축해서 글을 쓰는 연습을 해야 하기 때문에 좋은 글쓰기 훈련인 것이죠.

"내가 구성한 타임라인으로 정치를 판단한다는 건 내 옷장을 열어보고 다음 시즌 패션을 예측하는 것과 같다."

유명한 작가들이 왜 트위터를 자주 하는지 아세요! 작가의 본능이니까요! 화가나 음악가 중에 트위터를 자주 하는 것 보셨어요? 무용가들 중에 트위터를 자주 하는 분 보셨어요?

자신이 트위터를 좀 과하게 남들보다 많이 한다고 생각하시는 분 손 들어 보세요!!

제가 장담합니다. 이 분들은 반드시 5년 안에 자신의 이름으로 된 책을 출간하실 분들입니다.

이미 여러분들은 엄청나게 미친 듯이 작가 수업을 충실하게 하고 있습니다. 인류 역사상 지금 이 시대만큼 평범한 사람들이 글을 많이, 그리고 자주 쓰는 시대는 일찍이 없었습니다. 인간은 엄청나게 진화하고 있고, 발전하고 있습니다.

인류의 진화를 확실하게 느낄 수 있는 동영상입니다. 2012년 올림픽에서 금메달을 따기 위해서는 56년 전에 금메달을 따는 것보다 열 배 정도는 더 기술이 향상되어야 합니다.

인류는 이렇게 빨리 진화해 가고 있습니다.

트위터를 매일 아주 열심히 사용하는 사람들의 문장력을 한 번 보시겠습니까?

"내가 구성한 타임라인으로 정치를 판단한다는 건 내 옷장을 열어보고 다음 시즌 패션을 예측하는 것과 같다."

새로운 시대, 새로운 인류가 탄생하고 있는 두 번째 근거는 이 시대는 모든 사람이 작가가 될 수 있는 그런 새로운 시대이기 때문입니다. 한마디로 당신도 작가가 될 수 있는 시대가 바로 새로운 미래, 새로운 시대, 새로운 인류의 가장 큰 특성입니다.

여러분! 혹시 작가가 되고 싶으신 분 있으세요? 손 한 번 들어 보세요. 이제 걱정하지 마세요. 누구나 자신의 이름으로 된 책을 평생 살면서 한 두 권 정도는 다 출간하는 그런 시대가, 그런 미래가 열리고 있으니까요!

그 이유는 한마디로! 시대가 중요시하고 원하는 것들이 특별한 사람들, 엄청난 학자들, 놀라운 천재들만이 가지고 있는 것에서 평범한 사람들도 다 가지고 있는 것으로 바뀌고 있기 때문입니다.

인류는 지금까지 최근에 산업화 시대를 지나서 지식 정보화 시대를 치열하게 살아왔습니다.

과거 산업화 시대에는 물건을 많이 빨리 만드는 사람이 부와 권력을 가지게 되었습니다.

무엇이 필요하죠? 열심히 일하는 사람이 필요하죠. 그 시대는 근면과 성실하면 최고였죠.

지식 정보화 시대로 바뀌면서 지식과 정보를 정확히 알고 있는 전문가들이 부와 권력을 가지게 되었죠.

이러한 시대를 우리가 살아왔습니다. 그래서 이 시대가 원했던 작가들은 지식과 정보를 최소한 평범한 사람들보다는 많이 알고 있는 사람이어야 했습니다. 최소한 학자들, 교수들, 그 분야의 전문가들, 엄청난 일을 해낸 사람들이었죠.

똑똑한 사람들, 엄청난 분들이 작가가 되었던 시대가 지식 정보화 시대였습니다. 저같이 평범한 사람은 절대 작가가 될 수 없었던 시대가 바로 지식 정보화 시대였습니다.

그런 점에서 저는 행운아입니다. 행복한 사람입니다. 시대를 잘 타고 태어났기 때문입니다. 여러분들도 예외는 아닙니다.

그러다가 시대가 이제 점점 바뀌어 어떤 시대로 가고 있나요?

이제 점점 감성과 창조의 시대로 바뀌고 있습니다. 감성과 창조의 시대에는 지식과 정보를 가진 전문가들, 학자들, 프로페셔널한 전문가들이 돈을 많이 벌고 성공을 하는 시대가 아닙니다.

감성을 자극할 수 있는 자신만의 독특한 스토리를 가지고 있는 사람, 남들이 생각해 내지 못 했던 독특한 무엇인가를 만들어 낼 줄 아는 창조성을 가지고 있는 사람들이 부와 권력을 가질 수 있는 시대라는 것입니다.

감성을 자극하는 아이폰을 만든 스티브 잡스, 해리 포터 이야기를 쓴 조엔 롤링 등이 모두 부자가 되었죠.

보세요. 아이폰을 만든 스티브 잡스, 그리고 아이폰에 왜 사람들은 열광을 했을까요?

바로 다른 고기능, 고성능의 스마트폰에 없었던 인간의 감성을 터치할 수 있는 감성적인 요소가 들어가 있었기 때문입니다.

이 시대가 요구하는 작가는 무엇인가를 누구보다 잘 아는 그런 전문가들, 학자들, 교수들, 프로페셔널한 엄청난 사람들이 아니라, 이제는 자기 자신만의 독특한 스토리를 가지고 있는 사람, 남들과 다르게 자꾸 다르게 뭔가를 생각해 낼 줄 아는 그런 이단아, 혁신가, 창조가들이 바로 이 시대가 원하는 새로운 작가 유형이라는 것입니다.

이것은 작가뿐만 아니라 모든 분야의 인재들의 경우에도 그대로 적용이 될 것입니다.

시대의 변화를 좀 더 깊이 살펴볼까요?

과거 중세시대를 생각해 볼게요!

그 시대에 글을 쓰고 읽을 수 있는 사람들은 아무나 될 수 없었고, 아무나 할 수도 없었습니다. 모든 사람들, 즉 일반 시민들, 평범한 사람들이 글을 읽고 쓸 수 있는 시대가 온다는 것은 당시 아무도 어떤 천재도 예견하지 못했던 엄청난 기적이었습니다.

그런데 지금은 어떤가요? 시대가 바뀌자, 일반 시민들, 평범한 사람들, 즉 아무나 글을 쓰고 읽을 수 있는 시대가 되었습니다. 사실 이것이 천지개벽입니다. 시대는 이처럼 놀랍게 바뀌고 있습니다.

우리는 변화의 흐름을 읽을 줄 알아야 합니다.

마찬가지로 글을 쓰고 책으로 출간해 내는 작가는 수십 년 전만 해도 아무나 쉽게 접근할 수 있는 그런 쉽고 평준화된 직업이 아니었습니다. 엄청난 지식과 정보와 전문적인 경험과 학벌과 업적이 있는 한마디로 엄청난 사람들만이 책을 쓰는 작가가 될 수 있었습니다. 그 이유는 그 시대의 부와 힘의 기준은, 그리고 부와 성공의 원천은 바로 지식과 정보였기 때문입니다.

그 시대를 움직이고 있었던 것은 지식과 정보인 사회를 우리는 한마디로 지식 정보화 시대라고 합니다. 그리고 그런 시대를 지금까지 살아왔습니다. 그래서 그 시대에는 지식과 정보를 남들보다 많이 가진 사람이 결국 부와 권력과 명성을 얻게 되는 것이었고, 그런 사람들만이 작가가 될 수 있었습니다. 작가는 세상이 원하는 것을 줄 수 있는 사람이어야 하기 때문입니다.

그런데 지금은 지식과 정보가 이 세상을 움직이는 가장 강력한 수단과 도구, 힘의 원천이 아니라 새로운 것들이 이 세상을 움직이기 시작했습니다. 지식과 정보보다 더 강하게 이 세상을 움직이는 것은 바로 감성을 자극할 수 있는 스토리와 이미지입니다. 그리고 그것을 만들어 낼 줄 아는 상상력과 창조성입니다. 한마디로 감성과 창조의 시대로 급격하게 전환되고 있는 시점에 우리 모두가 살고 있다는 것입니다.

'아는 것이 힘이다'라는 말은 이제 과거의 이야기입니다.

'상상력이 지식보다 더 중요하다'라고 말했던 과학자의 말이 현실이 되어 가고 있는 것입니다.

세계적인 미래학자들의 말을 살펴볼까요?

미래학자 앨빈 토플러는 '보이는 자산보다는 보이지 않는 것이 중요하다'라고 말한 적이 있습니다. 또 다른 세계적인 미래학자인 다니엘 핑크는 자신의 저서인 〈새로운 미래가 온다〉라는 책을 통해 이제는 하이컨셉, 하이터치의 시대가 오고 있다고 말합니다.

"바야흐로 풍요, 아시아, 자동화란 3가지 요소의 영향력이 확대되면서 3막의
커튼이 올라가고 있다. 이른바 하이컨셉, 하이터치의 시대다. 3막의 주인공은
우뇌형 사고를 지닌 사람들이다. 이들은 창작자 및 다른 사람에게서 감정적인
공감을 이끌어낼 수 있는 능력의 소유자들이다." < 다니엘 핑크, [새로운 미래
가 온다], 75쪽 >

　한마디로 이제는 똑똑한 사람들보다 감성적인 사람, 새로운 것을 자
꾸 창조해 낼 수 있는 그런 사람이 시대의 주인공으로 부상하게 된다는
것입니다.
　이런 사실을 좀 더 정확하게 알려 주는 사례가 산업화 시대의 산물
이기도 했던 자동차 회사 GM의 경영 전략입니다. GM의 부회장인 로
버츠 루츠Robert Lutz 부회장은 자동차를 만들면서 예술적 사업을 하고 있
다고 생각한다고 말했습니다.

"우뇌적인 접근법을 좀 더 사용할 것입니다. 나는 우리 회사가 예술적 사업을
하고 있다고 생각합니다. 자동차란 엔터테인먼트이자 움직이는 조각품인 동
시에 수송수단의 역할을 하기도 합니다." < GM 로버츠 루츠 부회장>, < 다니엘
핑크, [새로운 미래가 온다], 81쪽 >

　결국 이 시대가 요구하는 사람은 전문지식과 기술을 남들보다 많이
가지고 있는 똑똑한 사람들이 아니라 감성을 자극하고 터치할 수 있는
사람, 남과 다른 무엇인가를 자꾸 만들어 낼 수 있는 혁신과 창조에 뛰

어난 사람들인 것입니다.

"프린스턴 근처의 세계적으로 유명한 싱크 탱크인 벨 연구소에서 진행되는 스타급 연구원들에 대한 조사를 살펴보자. 이 연구소는 IQ가 최고인 기술자와 과학자들로 구성돼 있다. 그러나 이런 재능의 보고(寶庫)에서도 스타로 떠오르는 사람들이 있는 반면, 보통의 성과만을 내는 사람도 있다. 스타들과 그 밖의 사람들 사이에 차이를 낳는 것은 그들의 IQ가 아니라, 역시 '감성지능'이다." < 다니엘 골먼, [감성지능], 277쪽 >

한마디로 시대가 지식 정보화 사회에서 감성과 창조의 시대로 바뀌면서 시대가 필요로 하는 작가의 성격이 똑똑하고 많이 알고 많이 배운 사람들에서 감성이 풍부하고, 다른 사람들과 공감하는 능력이 뛰어난 사람들로 바뀌었다는 것입니다.

그래서 작가의 본질이 지식과 정보, 전문적인 경험을 전달해 주는 전달자transfer 혹은 자신만이 알고 있는 것을 가르치는 사람teacher의 개념이 강했습니다.

하지만 지금은, 이제는 작가의 본질이 독자들의 감성을 터치해 줄 수 있는 그런 예술가artist, 자신만의 이야기를 해 줄 수 있는 스토리 텔러storyteller의 개념으로 변해 가고 있다는 것입니다.

불과 몇 십 년 전 까지만 해도 똑똑한 사람들, 많이 알고 있는 사람들이 TV에 나오면 사람들이 열광했습니다. 그런 사람들이 자신의 지식을 담은 책을 출간하면 세상이 열광했습니다. 하지만 지금은 지식과 정보에 열광하지 않는 시대가 되었습니다. 이미 지식 정보화 사회는 지나갔습니다. 지금은 감성과 창조의 시대이기 때문에 아무리 엄청난 지식과 정보를 가졌다고 해도 그런 사람들에게 대중들은 절대 열광하지 않습니다. 대중들은 자신의 감성을 채워줄 수 있는 그런 사람들에게 큰 호감을 느끼기 시작했어요.

시대는 빠르게 변하고 있습니다. 시대가 이제 또 한 번 빠르게 변하고 있다는 사실을 알 수 있는 현상들이 세계 곳곳에서 일어나고 있습니다. 그 중에 하나가 MBA에 대한 사회적 요구에요.

제가 직장 생활을 열심히 할 때인 90년대 전후로 해서 MBA가 최고의 성공의 보증 수표였습니다. 엄청난 MBA열풍이 불었고, 너나 나나 할 것 없이 MBA를 하기 위해 엄청난 돈을 들여서 대학원에 가거나 유학을 갔습니다. 그리고 실제로 그 시대를 전후해서 MBA가 최고의 경력이었습니다. 하지만 이제는 10년도 안 되어 시들해 지고 있습니다. 그것을 눈치 채지 못 하는 사람들은 시대를 흐름에 눈을 뜨지 못한 자신을 곰곰이 생각해 봐야 할 것입니다.

과거에는 MBA가 최고의 경쟁률인 독보적인 학과였습니다. 그 어떤 것도 MBA 만큼의 인기와 경쟁률을 가진 것은 없었습니다. 하지만 이제는 소비자의 감성을 자극할 수 있는 디자인 경영이 중요해졌습니다. 그 결과 MBA보다 MFA 라는 학과가 더 각광 받는 학과로 부상하고 있습니다.

하버드 MBA 과정은 지원자의 10% 내외를 합격시킵니다. 즉 열 명 중에 한 명이 합격할 수 있습니다. 이것도 엄청난 것이죠. 하지만 이것보다 더 놀라운 학과가 생겼어요.

UCLA의 미술대학원 즉 MFA Master of Fine Arts 미술학 석사 과정입니다. 이 미술대학원은 단지 3%만 합격시킵니다.

이러한 추세를 반영이라도 하듯, 기업들은 일제히 예술관련 학위가 있는 인재들을 선발하기 시작했어요.

맥킨리앤컴퍼니라는 회사는 1993년 MBA를 60% 이상 선발했지만, 10년도 안 되어 43%로 줄였습니다. 그리고 그 자리를 소비자의 감성을 자극할 수 있는 디자인 전공자들과 인문학 전공자들로 메웠습니다.

하버드 비즈니스 리뷰에 따르면, '디자인 경영의 중요성이 확산됨에 따라 이제는 MBA 대신 MFA 시대가 열리고 있다'는 것입니다.

뿐만 아니라 삼성에서도 인문학 전공자들을 선발하기 시작한 이유도 이것이죠. 감성을 자극할 수 있는 사람이 분야를 가리지 않고 필요한 시대가 되어 가고 있다는 사실입니다.

시대가 원하는 인재의 성격이 바뀌고 있습니다.

마지막으로 새로운 시대에 당신이, 모든 사람들이, 반드시 작가가 되어야 하는 이유에 대해서 말씀 해드릴까 합니다.

이 시대는 누군가의 영웅담이나 누군가의 엄청난 지식이나 업적보다도 평범한 일반인들의 아기자기한 작은 이야기에 더 열광하고 더 매력을 느끼고 더 좋아하는 새로운 시대이기 때문입니다.

영웅의 시대, 천재들의 시대가 아니라 이제는 바로 당신 'you'즉 평범한 한 사람 한 사람이 이 세상의 주인이 되는 그런 시대가 열리고 있기 때문입니다.

한마디로, 이 시대는 천재나 영웅을 원하지 않습니다. 이 시대는 바로 당신을 원하기 때문입니다.

이러한 사실을 알 수 있는 것이 바로 예능입니다.

잘생긴 사람, 능력 있는 사람, 똑똑한 사람의 이야기에 이제는 아무도 열광하지 않습니다. 관심도 없습니다. 하지만 '아빠 어디가', '나 혼자 산다', '인간의 조건' 등과 같은 평범한 일상의 소소한 감성을 터치해 줄 수 있는 그런 예능이 지금은 대세입니다.

지식과 정보에 열광하던 시대는 이미 지나갔고 스토리와 감성과 이미지에 사람들이 열광하는 시대가 되었다는 것을 반영합니다.

당신만의 인생, 당신만이 가지고 있는 이야기, 당신의 스토리는 당신이 최고로 잘 쓸 수 있는 유일한 존재이기 때문입니다.

당신은 헤밍웨이나 셰익스피어보다도 더 당신만의 스토리에 대해서 잘 쓸 수 있는 사람입니다.

헤밍웨이나 셰익스피어는 절대 당신의 스토리를 쓸 수 없습니다. 아무리 천재라고 해도 당신만이 가지고 있는 스토리는 당신만이 쓸 수 있고, 당신만이 가장 잘 쓸 수 있습니다.

이 시대는 당신의 스토리를 간절히 원하고 있습니다. 그리고 더 중요한 사실은 여러분들 자신도 자신을 세상에 당당히 내보여 주기를 간절하게 알게 모르게 갈망하고 있다는 사실입니다.

그것을 제가 어떻게 알죠? 인간의 본능 중에 하나는 사회적으로 인정을 받고자 하는 욕구가 가장 강하기 때문이죠.

배가 고프면 반드시 먹어야 하는 것이 인간이듯, 인생을 살아가는 사람이라면 다른 기본적인 욕구가 다 충족이 되면, 자아실현의 욕구, 세상에 자신을 내보여주고자 하는 욕구가 있는 것이 바로 인간이기 때문입니다.

그런데 스토리가 정말 그렇게 중요한 것일까요?

제가 내 놓은 답변은 이것입니다.

'스토리가 세상을 움직인다. 그리고 당신의 스토리는 당신의 인생을 바꾼다.'

제 이야기는 각설하고 다른 사람들의 주장을 살펴볼까요?

세계적인 미래학자 다니엘 핑크의 말입니다.

"논리적이고 분석적인 능력만으로는 더 이상 성공을 보장할 수 없습니다. 스토리가 있어야 합니다. 성공적인 기업가가 되기 위해서는 회계. 재무 과학에 스토리 기법을 결합할 수 있어야 한다."

"스토리는 비즈니스에 또 다른 중요한 충격을 주고 있다. 디자인과 마찬가지로 스토리는 개인과 기업이 공급 과잉 시장에서 자신의 상품과 서비스를 차별화하는 중요한 수단이 돼가고 있다."

디자인의 중요성은 이제 누구나 알고 있습니다. 하지만 스토리의 중요성은 아직도 모릅니다. 하지만 디자인보다 더 중요한 것은 보이지 않는 스토리입니다!!!!

새로운 시대가 왜 그토록 당신의 스토리를 간절히 원할까요?

새로운 시대의 사람들은 저마다 자신의 이야기를 잃어 버렸기 때문입니다.

이 시대만큼 자신의 삶과 자신의 이야기를 잃어버렸던 인류였던 시대는 역사상 없었습니다. 그래서 대리만족을 하기 위해 타인의 스토리를 간절하게 원하는 시대가 되었습니다.

과거에는 그랬습니다. 한국만 해도 60년대와 70년대를 살았던 우리의 아버지 어머니 세대에는 비록 먹을 것이 없었고, 가난해서 전부 다고생을 했지만, 자신의 삶이 있었고, 자신의 이야기가 있었습니다.

하지만 지금은 풍요로워졌지만, 한 가지 잃어버린 것이 있습니다. 바로 자기 자신의 삶과 자신의 이야기입니다. 그래서 자신이 잃어버린 것을 되찾고 싶은 것입니다.

저의 대답은 한마디로!

점점 더 풍요로운 시대가 되고 있습니다. 풍요로운 시대에는 생존에 필요한 것보다 삶의 의미와 가치, 목적을 더 찾게 됩니다. 스토리 안에 그러한 것들이 담겨 있다고 인간은 본능적으로 알고 있는 것이지요.

"스토리는 인간의 감성과 삶의 목적과 자기 자신의 이해에 목말라 있는 현대인들이 잃어버렸던 그러한 것들을 되찾을 수 있도록 해주는 가장 강력한 도구이다." _ 김병완, made in korea.

이 시대가 당신에게 요구하는 것은 열심히 일해서 부자가 되고, 성공을 위해서 열심히 일하고, 위대한 업적을 남기라는 것이 아닙니다. 이 시대가 당신에게 요구하는 것은 당신만의 스토리를 세상에 당당히 내놓으라는 것입니다.

그러므로 이제 당신은 자신의 삶에 대한 저마다의 작가가 되어야 합니다.

여러분은 이미 충분히 작가가 될 수 있는 연습을 해 왔고, 이 시대는 뜨겁게 여러분이 작가가 되기를 원하고 있고, 이 시대가 요구하는 작가의 조건을 이미 완벽하게 갖추었습니다.

작가가 되지 못하는 100가지 이유가 있다 해도, 여러분이 작가가 될 수 있는 세 가지 이유만 붙잡으신다면 여러분도 작가가 될 수 있습니다.

이 시대가 여러분만이 가지고 있는 당신의 인생, 당신의 스토리를 간절히 원하고 있습니다.

한 가지만 명심해 주시기를 부탁드리겠습니다.

이 시대는 모든 사람이 글을 쓸 수 있는 새로운 시대가 시작되고 있습니다.

당신은 호모 사피엔스가 아니라 이제 호모 스크립투스입니다.

누구나 글을 쓰고, 누구나 작가가 될 수 있는 시대,

누구나 작가인 새로운 시대에 당신은 살고 있다는 사실입니다.

여러분! 축하드립니다.

새로운 시대를 마음껏 글을 쓰시면서 즐기십시오.

여기 앉아 계신 분들 중에 50% 이상의 분들이 반드시 자신의 이름으로 된 책을 한 권 이상 출간하게 되실 것이라고 저는 확신합니다.

두고 보십시오. 저는 장담합니다. ^^

여러분, 인류는 더욱더 빨리 진화해 가고 있습니다. 당신은 바로 자랑스러운 그러한 인류 중에 한 명입니다.

자기 자신을 믿으세요. 당신은 이미 작가입니다. 사랑합니다. ^^

지금까지 공부학자를 꿈꾸는 김병완이었습니다. 감사합니다!!!

코로나 기간 100% 계약 기수 탄생!

_김** 작가님 (김병완 칼리지 책 쓰기 수업 수강생)

다섯 명의 작가를 배출한 기수

안녕하세요?

저는 전원 계약 기수 116기입니다. 지난 5월 16일, 7주차 수업을 마치고 출판사에 메일을 보냈는데요. 5월 21일 목요일에 출판사에서 연락이 와서 22일 금요일에 미팅하고 계약하였습니다.

원고를 6월 30일까지 전달드리기로 해서 지금 열심히 적는 중인데요. 주말 아침에 일찍 일어나서 글 쓰는 일이 이렇게 기쁜 일인지 처음 알아서 하루하루가 행복합니다. 책을 쓰는 일은 제 인생에서 새로운 도전이었는데요, 이렇게 설레는 일이 있다는 것을 알아서 기쁩니다. 새로운 것에 도전하고 영역을 넓히고, 또 새로운 일에 도전하면서 영역을 넓히는 것이 인생의 큰 기쁨이라는 것을 다시 한번 더 배웠습니다.

'말에는 힘이 있다'고 116기는 전원 계약 기수라고 선생님께서 수업마다 말씀하셨는데, 정말 전원 모두 계약을 하였네요! 선생님께서 전원 모두의 책이 베스트셀러가 될 거라고 말씀하셨기에 그 말씀 역시 곧 실현되리라 굳게 믿고 있습니다.

제 버킷리스트 중의 하나였고, 올해 2020년 6월 30일까지 책을 낸다는 목표를 세웠었는데요. 그 목표를 이루게 해주신 김병완 선생님께 무한한 감사를 드립니다.

수업이 정말 알차고 쉽게 잘 말씀해 주셔서, 재미있고, 정말 강추합니다!

책 쓰기 수업을 들으시면 저처럼 인생이 달라집니다! 인생을 바꿔 보세요.

호모 스크립투스, 글 쓰는 인류의 출현

누구나 작가가 되는
책 쓰기
혁명의 시대

초판 인쇄 2020년 8월 15일
초판 발행 2020년 8월 15일

지은이 김병완
발행인 (주)플랫폼연구소 | 출판등록 제 2020-000075 호

전화 010-3920-6036 / 02-556-6036 | 팩스 050-4227-6427
이메일 pflab2020@naver.com

주소 서울특별시 강남구 역삼로 220 홍성빌딩 1층

ISBN 979-11-970672-3-5 (03000)